Spanish 646.7 Cal
Calzada, Gloria,
¡La edad vale madres! : celebra tus
años con orgullo /
$22.99   on1136489040

3 4028 10528 1589
HARRIS COUNTY PUBLIC LIBRARY

¡LA EDAD VALE

madres!

DISCARD

D1601006

DISCARD

GLORIA CALZADA

¡LA EDAD VALE madres!

Celebra tus años con orgullo

DIANA

Diseño de portada: Planeta Arte & Diseño
Fotografía de portada: © Blanca Charolet
Diseño de interiores: Sandra Ferrer Alarcón

© 2019, Gloria Calzada

Derechos reservados

© 2019, Editorial Planeta Mexicana, S.A. de C.V.
Bajo el sello editorial DIANA M.R.
Avenida Presidente Masarik núm. 111, Piso 2
Colonia Polanco V Sección, Miguel Hidalgo
C.P. 11560, Ciudad de México
www.planetadelibros.com.mx

Primera edición en formato epub: noviembre de 2019
ISBN: 978-607-07-6268-0

Primera edición impresa en México: noviembre de 2019
ISBN: 978-607-07-6267-3

No se permite la reproducción total o parcial de este libro ni su incorporación a un sistema informático, ni su transmisión en cualquier forma o por cualquier medio, sea este electrónico, mecánico, por fotocopia, por grabación u otros métodos, sin el permiso previo y por escrito de los titulares del *copyright*.

La infracción de los derechos mencionados puede ser constitutiva de delito contra la propiedad intelectual (Arts. 229 y siguientes de la Ley Federal de Derechos de Autor y Arts. 424 y siguientes del Código Penal).

Si necesita fotocopiar o escanear algún fragmento de esta obra diríjase al CeMPro (Centro Mexicano de Protección y Fomento de los Derechos de Autor, http://www.cempro.org.mx).

Impreso en los talleres de Foli de México, S.A. de C.V.
Negra Modelo No. 4 Bodega A, Col. Cervecería Modelo,
C.P. 53330 Naucalpan de Juárez, Estado de México.
Impreso y hecho en México - *Printed and made in Mexico*

A todas nosotras; las de antes
y las de ahora. Las que vienen
y las que se fueron.

A las mujeres que viven en mi corazón
en cuyos espejos me reflejé.

A quienes me han regalado algo
de su ser, que hoy es parte del mío.

Al señor del sillón de al lado
por llegar cuando era perfecto llegar.

ÍNDICE

1
El regalo de los años
Acepta que cambias con el tiempo

2
Piedras en el río... pero que flotan
Libérate de los pensamientos negativos

3
Las rodillas no mienten
Prepara tu cuerpo para sumarle años felices

4

No te conviertes en calabaza

Todavía eres productiva,
independiente y feliz

5
Estar viva y mucho
Encuentra y respeta tu espacio frente
a la familia, los amigos y los amores

Presentación

¿De verdad la edad vale madres? Asegurarlo es muy osado. Titular así un libro lo es todavía más, pero a su autora no solo le sobra osadía, le sobran también razones para afirmarlo sin temor. Luego de conocer bien a Gloria Calzada, de disfrutar de sus conversaciones, de verla trabajar llena de energía, de gozarla en viajes, de festejar la vida juntas y hasta de llorar en sus brazos, puedo decir con certeza que la edad es irrelevante. Ella es el mejor ejemplo. No sé ni cuántos años hay de diferencia entre nosotras, en su cercanía esa aritmética no es importante. Con el paso de los años solo la he visto convertirse en una mujer cada vez más completa y más interesante, que generosamente comparte su conocimiento y experiencia.

Cuando se sabe disfrutar plenamente del presente, cuando se es productiva, cuando se cuenta con autonomía emocional y económica, cuando se vive rodeada de amor, la edad no importa. Informarse, capacitarse y abrazar los cambios es crucial. No se trata de ser jóvenes, se trata de estar vigentes. Crecer es transformarse, es una oportunidad para aprender. Hay quien se resigna a envejecer, yo mejor elijo evolucionar, y quiero hacerlo de la mano de personas con las que aprendo y me divierto, como Gloria.

Confío en que la lectura de estas páginas te ayudará a lograr eso que ella hace tan bien: acumular con el tiempo amistades verdaderas, anécdotas y alegrías, no años.

PAOLA ROJAS
(Periodista y conductora de televisión)

Prólogo

La mujer del siglo XXI es muy diferente de la del siglo anterior. De aquella mujer luchona, empecinada en ganarse un lugar y un reconocimiento en el mundo, de la mujer de los años sesenta y la revolución de la píldora, de la mujer en batalla irrenunciable por la igualdad, el mundo occidental, en principio, observó un cambio cuántico hacia la mujer contemporánea. Evidentemente están conectadas. La de ahora es la evolución sólida, madura, asentada en la certeza de la autoestima, ganada con mil esfuerzos de triunfos y derrotas.

Esta evolución femenina dejó atrás el feminismo rabioso de los sesenta y los setenta, la guerra por la igualdad laboral de los ochenta y los noventa —hay quien opina que este ciclo aún no termina a cabalidad— e, incluso, afianzó la seguridad en la independencia. Produjo a una mujer admirable en todos sentidos y desde toda perspectiva. Segura de sí misma y de su enorme potencial en cualquier dimensión: profesional, académica, familiar, empresarial, emocional y hasta sexual. Prueba superada.

La mujer de hoy puede vivir en pareja porque lo elige y lo decide conscientemente, no porque lo necesita en sentido alguno. La mujer de hoy puede ser madre, hija, esposa, hermana o amante, sin remordimientos ni pruritos impuestos por sus antecesoras. Pero puede también ser, y de hecho lo es, la más profesional, la mejor directiva, la líder indiscutible de la manada familiar, la madre más tierna y dedicada, la amiga solidaria dispuesta y comprometida, la pareja soñada por cualquier hombre a quien el éxito y el reconocimiento de la mujer a su lado no le hagan ruido ni le alboroten los complejos.

La mujer del siglo XXI evolucionó y se convirtió en este ser pleno, luminoso, con la autoconfianza de la independencia, la autosuficiencia basada en la certeza indiscutible de no necesitar aprobación alguna para alcanzar su absoluto potencial.

He tenido el privilegio de conocer, tratar y compartir, durante buena parte del camino, la vida, el trabajo, la amistad y la complicidad de mujeres extraordinarias que lo fueron todo al mismo tiempo y, en cada pista, alcanzaron éxito y reconocimiento: formaron parejas, familias, hicieron carrera, levantaron empresas y construyeron caminos luminosos para su entorno y para su propia realización.

Gloria Calzada es una de esas mujeres fuertes, decididas, autoimpuestas; es cuidadora y protectora de los suyos, amiga incondicional, profesional ejemplar. Pero eso solo la describe parcialmente, porque su inteligencia y aguda observación crítica de la vida la han llevado a un estado de equilibrio reservado solo para las más sabias y talentosas.

Este libro es resultado de esa reflexión, de ese aprendizaje acumulado, depurado y pulido al paso de los años, que la convierten hoy en una mujer plena, madura, dichosa por la vida y por sus cariños.

Compartamos jubilosos este texto lleno de lecciones, de alegrías y tristezas, de confesiones y de pistas para que cada quien construya su propio camino hacia la plenitud.

Con profunda admiración
y el cariño acumulado de tres décadas,
LEONARDO KOURCHENKO
(Periodista y locutor)

Introducción

Cuando era niña, cada tarde me metía a mi sitio favorito para pensar: el baño de azulejos amarillos que compartía con mis hermanos. Me sentaba debajo del lavabo y pasaba horas meditando cosas muy inusuales para alguien tan joven. Analizaba el mundo desde mi curiosa perspectiva. Visualizaba escenarios de todo tipo y mi propia vida. Soñaba despierta.

Eran temas recurrentes, sobre todo uno. En él, me veía ya mayor, en plena edad del «retiro». O sea, de más de 60 años y era muy feliz. ¿Qué onda conmigo? ¿Una niña de 10 u 11 años ilusionada con llegar a la tercera edad? Todo se debe a una asociación de ideas; observaba la vida de mi abue, era apacible comparada con la de mis papás, que batallaban todos los días por sacarnos adelante. Ser mayor era igual a tener paz... eso pensaba. Relacionaba el «retiro» de la actividad laboral o la jubilación con un premio. La recompensa, ganada a punta de trabajo y compromiso, tras haber contribuido en el ciclo preestablecido para los seres humanos, eso que nos enseñaron a los de mi generación: crecer, trabajar, formar una familia, realizarse, hacerse de un patrimonio, retirarse. En otras palabras, cumplir.

La imagen que corresponde a ese sueño es: yo, adulta, en el lugar donde he decidido retirarme, sentada en un sillón comodísimo, mirando lo que más me gusta: la naturaleza, MI pedazo de naturaleza (parte del premio del retiro; con escrituras y todo). A veces es el bosque y a veces es el mar. Ese sueño sigue vigente. Lo único que ha cambiado es que hay dos sillones, uno al lado del otro y adoro a quien está sentado ahí.

Tengo claro que cuando esa etapa de mi vida llegue, seré como lo he soñado tantas veces: una mujer retirada, que supo construir una vida hermosa y que recibe el paso del tiempo con alegría y gratitud. Es una certeza padrísima.

Al ir convirtiéndome en adulto, comencé a escuchar ideas totalmente opuestas a mis sueños solitarios, del tipo: «Ser una mujer de 40 años o más te vuelve inservible, indeseable», «Las empresas ya no te quieren contratar porque hay talento fresco y más barato». Al parecer, eres una especie de vejestorio para el mundo laboral y hasta para el personal. Escuché que cuando se va la juventud se va todo. ¡Que se te seca todo! ¡Que pasando los 40 ya estás *ruca* y que eso es muy malo! Yo tenía treinta y tantos, y me asusté mucho.

¿De veras...?, pero si la experiencia es respetable, valiosa; es sabiduría. Sin embargo, me lo creí todo por un tiempo, durante el cual me invadieron toda clase de inseguridades. Ya más tarde volví a mi certeza original.

Ahora bien, hay que hacer ciertas adaptaciones para ser mujeres adultas contemporáneas y funcionales.

Yo adoraba a mi abuelita María, pero siempre que me decía: «Como te ves, me vi; como me ves, te verás», confirmaba que haría lo imposible por no convertirme en ella: pertenecía a una generación que vivió de manera muy distinta. Para lograrlo debía desaprender algunos discursos añejos y adquirir nuevos que me permitieran ser quien realmente deseaba y vivir como planeaba hacerlo; vibrando a plenitud, aportando, evolucionando, trascendiendo; feliz.

Dado mi amor por esa soñada, dorada y aún lejana etapa de mi vida, sin pensarlo antes, pero de forma plenamente consciente ahora, me he estado preparando para llegar a ese momento en la mejor forma posible: física, espiritual, mental, financiera, anímica y sexual.

Le veo muchas ventajas al evento de crecer, de acumular años, y lo digo convencida hoy, que estoy con un pie en el sexto piso (escribo este libro a los 58 años) y estoy viviendo la etapa más hermosa de toda mi vida. Lo digo con el corazón en la mano. Con toda esta inspiración en el arte de la autorrenovación es que concebí mi proyecto Puro Glow, el canal de YouTube en el que exploro diversos caminos para procurarnos un buen vivir como mujeres adultas, divertirnos y sacarle provecho a la vida desde todas las perspectivas.

Las mujeres de todas las edades queremos usar nuestra voz, ejercer nuestra postura, ser bienvenidas. Queremos estar activas y participar. Queremos ser alguien amoroso porque no le debemos nada a la vida ni la vida a uno.

Este libro propone mirar esta etapa como lo que es: un regalo lleno de posibilidades para construir la siguiente fase como tú quieras, eliminando lo que ya no suma. Es para celebrar, crear y gozar.

Me dirijo tanto a las mujeres de mi generación, a las que ya se acercan, como a quienes ya pasaron por ahí, pero que encontrarán un reflejo. Así nació este libro, para plasmar lo que para mí significa ser una mujer adulta, cuasisesentona y pasarla genial. Escribo pensando y recordando con enorme gratitud a muchas mujeres de distintas edades, formas de ser y pensar, de diferentes ciudades y países que se acercan a mí; me cuentan sus miedos, me piden opiniones y, sobre todo, me tienen confianza.

Gracias por tener este libro en tus manos.

Lo que deseo al compartirte todos estos pensamientos es que juntas borremos la conversación en la que las personas pierden valor con el tiempo. Propongo no darle importancia al calendario. Te invito a contemplar esta otra perspectiva: la edad vale madres. Lo que importa es la pasión por vivir.

GLORIA CALZADA

CAPÍTULO 1

El regalo de los años

Acepta que cambias con el tiempo

Hoy que nosotras somos las mayores, las *rucas* a ojos de los que vienen atrás, quise abrir una conversación que poco se da: ¿Cómo es que, si somos fabulosas, experimentadas, plenas, la conversación colectiva sobre la edad es tan negativa e insiste en nulificarnos, cuando en realidad somos una chulada de grupo, lleno de sueños, ganas y posibilidades? Tenemos la edad que tenemos, son muchos años que hemos pasado aprendiendo, soñando, amando. Honremos esta parte de la vida viviendo como sabemos que podemos hacerlo. Hoy me hacen feliz cosas muy distintas de cuando tenía 35, soy más selectiva, tengo un ritmo apacible y delicioso, sin prisas y con una interminable lista de sueños por materializar, proponer y gozar. ¡Seamos el alma de nuestra propia fiesta!

Entiendo que no es tan fácil. Considerando el incesante bombardeo de imágenes y mensajes que recibimos afirmando que la juventud en años es un tesoro, resulta lógico que hoy exista un afán delirante por vivir una juventud eterna, con cuerpazo, pelazo y dignas de portada de *Vogue*. «Cumplir años es pecado» y en el pecado va la condena si nos creemos ese discurso.

¿Cuándo pasó esto? ¿Quién lo dice? La vida tiene un curso inexorable y tratar de negar los ciclos y ajustes que trae consigo es un despropósito total, que nada se logra porque el tiempo no se detiene.

Si en algún momento histórico la edad debiera importar menos, es ahora. Hoy, que los 50 son los nuevos 30, que a los más *maduritos* nos puede gustar lo mismo que a los *millenials*, es cuando, en contraste, algunos hacen más hincapié en las diferencias generacionales, como si tener más años nos inhabilitara para ciertos trabajos, modas, aficiones.

Las *maduritas* estamos increíbles. ¡No nos compremos la idea contraria! Nos toca vivir en una época en que nuestra expectativa de vida aumenta, trayendo consigo mil aventuras más por emprender. Mientras tengamos ganas y fuerza, lo demás se organiza.

Mi propósito al respecto de este tema es:

Tener claros y presentes mis objetivos para
dirigir hacia ellos mi lenguaje mental y acciones.
El mismísimo poder de la intención.

El tiempo cuenta

Sí, claro que los años cuentan. Ya sabíamos que venían y lo que pasaría. Pero esto tiene también aspectos resplandecientes, llegan cargados de regalos a los que les doy la bienvenida: te dotan de seguridad en ti misma, te despojas de atavismos, prejuicios, nada es urgente, ganas experiencia, te conviertes en un personaje más interesante. ¿No lo crees? Yo, totalmente. La auténtica adultez es muy gratificante, así que pienso que acumular años es un *pro*, no un *contra*. En este libro nos vamos a encargar tú y yo de valorar cada uno de esos premios de la vida. Pondremos en perspectiva positiva todas las posibilidades que están a nuestro alcance para abrir las puertas que quizá creímos cerradas para nosotras. Eliminaremos cualquier trazo de estigma en relación con la edad que tenemos, sustituyéndolo por alegría y gratitud sinceras; nos colocará en un lugar más creativo y amoroso.

La gratitud es un gran estado de conciencia en el que recibiremos el paso de los años con gracia. Nos mantendrá latentes en la alegría que hace que cada día, evento, pensamiento, comida, tenga valor. El punto es agradecer lo que estamos viviendo en el momento mismo que sucede y aquello que deseamos manifestar en nuestro futuro; lo que de corazón queremos crear.

La vida no se vuelve una condena con el tiempo. Siempre está llena de posibilidades y opciones. A mis 58 años siento que empiezo una fase nueva. Estoy satisfecha por lo vivido y espero con ilusión lo que está por venir.

El tiempo es oro y nosotras brillamos, esa es la actitud que propongo elegir en lugar de instalarnos en la queja o en un *luto* por lo que se fue. Es al contrario. El pasado ya ocurrió y nos dejó su enseñanza. Aprendamos a estar siempre presentes, es una gran herramienta. Viviendo el hoy estamos concentradas, dedicadas solo a reconocer ese preciso instante; prestemos atención de manera absolutamente intencional. Que no quepa en el hoy la incertidumbre de un mañana que ni siquiera ha llegado, ni el fantasma de un pasado que ya fue. Desde este acogedor lugar abramos la cajita donde viven nuestros deseos para confirmar que avanzamos con ellos, guiándonos con la intuición, verificándolos con la experiencia. Así llegaremos gozosas a la edad de oro, y sí, es dorada. Tiene una luz distinta, cálida, suave. Hoy estoy envuelta en una serenidad deliciosa que nunca antes conocí. Soy muy feliz.

Les cuento que me estoy certificando como *coach*, faciliitadora del proceso de autoconocimietno MMK, he adquirido conocimientos que han traído mucho bienestar a mi vida, por ello, quise incorporar en este libro de manera sencilla y puntual algunos conceptos y ejercicios de *coaching* que son transformadores. Son tan fáciles de comprender y efectivos que los TENGO que compartir:

— A little coaching

No malgastes tu presente pensando en el pasado. Primero se está en presencia y gratitud; también es muy útil tener siempre los cinco sentidos desenvainados, afinados y encendidos. Al usarlos se vuelve más rica la experiencia de existir y serán más vívidos los recuerdos, más gratos también.

Las preguntas de la vida

¿Te gusta tu vida? ¿Te sientes realizada? ¿Has seguido los deseos de tu corazón? ¿Eres quien siempre quisiste ser? Si respondiste que no, si hay alguna parte de tu existencia que quisieras que fuera distinta, si tienes temas pendientes que quisieras tachar de la lista, sigue leyendo, tengamos una conversación al respecto:

¿Te agobia cumplir años?

☐ Sí   ☐ No

¿Sientes que el tiempo se te acaba?

☐ Sí   ☐ No

¿Tienes planes que temes que se queden a la mitad o nunca sucedan?

☐ Sí   ☐ No

¿Crees que ya valió madres algo debido a tu edad?

☐ Sí   ☐ No

¿Te sientes vieja? ¿Inservible?

☐ Sí   ☐ No

Si respondiste que sí a alguna de estas preguntas, si te reconociste en ellas, te propongo que paremos ahora para comenzar juntas un proceso creativo y creador.

Hurguemos en nuestra mente y corazón. Si la vida que vivo no la disfruto, es momento de diseñar una nueva, reluciente e ideal, para vivir en alegría y sentir paz en mi corazón.

Quizá sentiste *feíto* al hacerte estas preguntas; sin duda, al principio duele. Contéstalas sin meditar mucho, sin juicio. Empieza por un simple sí o no. Inicia este sincero proceso de autoconocimiento. Analiza tus respuestas, son valiosas porque son espontáneas. No te preocupes si no te gustan, porque tú puedes cambiar ese resultado. Todo lo que hayas contestado en el cuestionario son pensamientos. Solo eso. Y ninguno es real si tú no le das ese poder. Potencia los que te sirvan, invierte o elimina los que no. Verás qué gratificante es el resultado.

Abordemos los cambios que se acercan cuando cumplimos 50 o 60, con una mirada constructiva, sin deprimirnos, cambiando la perspectiva, destacando lo bueno. Tú y yo hemos pasado por lo mismo. Estamos en las mismas. Queremos cosas parecidas, de entrada: amor, salud, paz y felicidad, ¿verdad?

Es un hecho que nuestra cara y cuerpo no son los de antes, eso no es divertido pero es real y hay que abrazarlo. Vienen los altibajos hormonales, que pueden ser muy desafiantes. Podemos pensar que hay sueños que ya no se van a cumplir, pero no es así. Recibamos todo eso de manera neutral —sin asignarle adjetivos—, porque te tengo buenas noticias: uno de los máximos regalos que nos trae esta edad (de la que muchas pueden renegar) es la posibilidad de volver a empezar. Podemos retomar planes que antes la maternidad, el contexto del momento o cualquier otro motivo pospusieron, o podemos inventarnos nuevos planes. Seguramente tenemos más tiempo libre que antes. Alistémonos para cambiarle el clima a la etapa madura que nos dijeron que íbamos a tener, no nos da la gana que alguien decida por nosotras. Quizá decidamos modificar radicalmente nuestra realidad, dejando todo e «irnos con lo puesto» o hacer pequeñas transiciones. No importa. La tirada es vivir la vida de nuestros sueños porque ES posible. Lo vamos a manifestar. Vamos a cambiar el cuento que hasta ahora nos hemos contado sobre nosotras y transformaremos nuestra vida.

Aprendo de la vida...
Alejandra Llamas
(Coach y escritora)

El maestro vacía su mente para dejar a un lado los deseos y la ambición intelectual, se deja llenar del poder de su ser. Las personas nos confundimos cuando creemos que sabemos, cuando controlamos y dirigimos la voluntad universal. Lo único que sabemos es lo que otros nos han dicho y hemos decidido tomar como verdad. Una mente abierta es el camino a la paz, cuando creemos saber qué es lo que debería o no suceder, tratamos de manipular al universo y esta es la receta perfecta de la infelicidad.

Vivamos sin forzarnos, sin que nosotros mismos seamos los estorbos en el camino de nuestra experiencia de vida, esto permite que la vida te tome y se exprese a través de ti. Entonces manifestarás en ella lo que nunca pensaste: cocrear, logra que la vida florezca con toda su grandeza, que la vida se vuelva rica y tus experiencias se acompañen por el asombro, lejos de los limitados pensamientos.

No hay nada que perder porque en realidad nada te pertenece y, por ello, todo te pertenece. No crear ni diseñar y construir nuestra vida de la mano del tao nos afecta cuando vivimos identificados con el ego, víctimas de una irrealidad, que como una gran disfunción mental pensamos que «somos», y creamos un limitado personaje con nombre y características terrenales, reactivo, solitario, miedoso, con problemas materiales, con una perspectiva encapsulada de lo que es verdadero, y así vivimos distrayéndonos con actividades que se esfuman y que no nos dan plenitud.

Atraemos dilemas complicados a nuestra vida pensando que somos víctimas de estas circunstancias o situaciones, o bien que somos ellas. No nos damos la oportunidad de escucharnos y rendirnos a nuestro gran gozo interior. La realidad existe antes que los nombres y en esa vida bella, sin separación, sin nombres, presencias, es como se construye la identificación y las historias que aparecen y lo separan todo. A medida que la mente se identifica con el pensamiento, construye su propio sufrimiento. Al observar esto, reconocemos el mundo que surge de la primera historia; «yo», y comprende que esto invita a la ilusión de la vida y que no es más que imaginación. En este mundo de nombres y significados comienza el sufrimiento al imaginar que soy Alejandra con todos los roles y expectativas que esta historia puede traer para mí.

Manifestar lo que deseas

Para atraer a nuestra vida nuevas realidades, el poder de la manifestación funciona de manera sorprendente, lo he comprobado varias veces desde que lo aprendí en *coaching*. Antes, solía visualizar siempre el peor escenario, en lugar del ideal: ¡lo hacía al revés! Después, poco a poco, como ejercicio diario, me propuse «pescar» esos pensamientos que no me funcionaban y busqué darles la vuelta, hasta que fuera casi automático no imaginar lo peor, sino ver todas las puertas abiertas para mí.

Hoy me queda claro que mis sueños definen la realidad que vivo, por ejemplo, escribir este libro: lo vi, lo manifesté; al igual que mi canal de YouTube Puro Glow.

Te invito a hacer la prueba:

 A little coaching

1. Piensa, ¿qué deseas que suceda en tu vida, ese sueño que has tenido por años? Okey, ya ubicado el sueño (también puede ser uno nuevo), ¿cómo es?, ¿en qué etapa de tu vida lo quieres?, ¿dónde

sucede? Visualízalo como algo que ya tienes, eres, vives. Desde ese momento empieza la alegría.

2. Visualiza la escena completa, a todo detalle, ¿a qué huele?, ¿qué se siente estar ahí?, ¿qué objetos hay?, ¿quiénes están?, ¿es de día o de noche?, ¿cómo vas vestida? Tú estás en la escena, no como observadora, sino que eres la mera protagonista. Es TU sueño, como lo deseas, ni más ni menos.

3. Agradece porque, al manifestar este sueño, ya lo creaste. Es tuyo. Dalo por hecho. Confía.

Para completar este tema, te invito a que **escanees** este código.
Es material exclusivo para ti.

Lo que va cambiando

Cerrar etapas es una especialidad que uno va afinando. A lo largo de nuestra existencia hemos experimentado muchos ciclos de inicio a fin, por lo que creo que, a menos que estemos aferradas a creencias del pasado, cada día cuesta menos trabajo dejar ir.

Es innegable que estamos en una etapa de despedidas y unas cuestan más que otras. Es en estos años cuando nuestros padres se empiezan a ir y uno nunca está listo para enfrentarlo. Pero hay otras despedidas más cotidianas que, con sentido del humor y buena actitud, pasan ligeras como parte natural del proceso. Si cambiamos la interpretación que les dábamos a los eventos en general, si neutralizamos los pensamientos, si alejamos nuestra atención de lo que nos quejábamos, todo esto permitirá agradecer y soltar, y que esto no sea motivo para instalarnos en una postura que nos afecte. No nos miremos como víctimas, erradiquemos ese accionar de manera consciente: seamos libres.

En esta etapa en la que los cambios son más notorios y creemos perder cosas, meditemos, ¿qué significa una *pérdida*? Para mí nada realmente lo es, porque al procesar lo sucedido podemos quitarle la connotación negativa y tomar lo que nos ayude a crecer espiritualmente. Tú puedes darle la interpretación que quieras, no nos contemos historias que nos desarmen. Existen muchos planes y tareas a las que puedes dedicar tu energía, eso sí está en tu control, lo demás siempre pertenecerá al ámbito de los otros, a decisiones que tú no tomas.

El hecho inevitable es que hay personas, cosas o situaciones que debemos dejar ir y resulta más amoroso y gratificante despedirse de ellas, dándoles las gracias por la ayuda o servicio brindado y *bye*. Sin apegos ni dramas. De hecho, habrá aquello que no solo sea oportuno despedir, sino hasta gozoso, por ejemplo, la menstruación: ¡ADIÓS! Démosle a cada evento el lugar que tiene en nuestro proceso de vivir, ni más ni menos. Todo tiene un ciclo y este siempre dura exactamente lo que tiene que durar. ¿Por qué no mejor lo observamos con ojos amorosos y mente abierta? Yo opto por alejarme del sentimiento de pérdida y veo lo divertido en todo esto: le he dicho *hola* a la agrura, al bochorno, al insomnio, al lente bifocal, y ni así quisiera tener otra vez 30 años.

Celebrar a esta nueva persona

«Mucho gusto, soy la que quiero ser, he dejado ir lo que no me funciona, lo que no es para mí; lo que ya cumplió su cometido y caducó en mi manera de ver y vivir. Estoy desaprendiendo lo que ya no me sirve y a la vez adquiriendo nuevo conocimiento. Diseño de manera consciente y creativa mis nuevas rutinas, corrijo mi lenguaje mental y oral para manifestar la vida como la deseo. En pocas palabras, configuro mi vida. No importa si son pequeños ajustes o cambios radicales, lo que importa es que sean genuinos y me traigan felicidad. No tienen que ser aprobados por nadie más que por mí. Estoy en estado de evolución».

Hablémonos así, con amor, respeto y certeza. No pierdas de vista que las palabras y también lo que nos decimos en silencio nos transforman, dan resultados sorprendentes. Elígelas bien.

Reinventarte, retrazar tu camino, siempre es opcional y posible. Las preguntas son: ¿Qué quieres?, ¿cómo?, ¿qué te conviene? Lo veíamos líneas atrás: ¿Qué necesitas desprogramar en ti para vivir mejor? Todas aquellas creencias para las que sabemos que ya no tenemos un fin. Un ejemplo es que por un tiempo creí que la edad era un factor. Por años estuve segura de que al llegar a los 50 comenzaría a dejar de recibir ofertas de trabajo, a no ser tan productiva, que quizá debería ir cambiando de rumbo a otro más convencional. Apliqué entonces lo que hoy les comparto: le di la vuelta a esa idea y pensé en lo positivo de mi nueva edad, y exactamente de ahí surgieron las ideas para generar proyectos y renovar ímpetus. No me canso de decirlo, esta es la mejor etapa de mi vida.

Retemos a nuestra mente, debatiendo las declaraciones que nos hicimos y que hoy contravienen la nueva ruta que queremos tomar. Seamos persistentes con esa intención, y aunque de repente nos caigan de sorpresa los miedos pasados, volvamos a empezar, construyendo el escenario ideal de nuestra vida. Un renacimiento muy bien diseñado.

Aprendo de la vida...
Lydia Cacho
(Periodista, escritora y activista)

Cuando era adolescente descubrí que mi cumpleaños era en realidad el primer día del año para mis proyectos. Siempre abril trae consigo el regocijo de la inspiración. Por ello desde entonces y hasta la fecha celebro mi cumpleaños con alegría y durante varios días. El día anterior medito, hago yoga, me voy al mar, intento estar sola, pensar en todo lo extraordinario que ha llegado a mi vida, en cómo he sabido superar los retos y enfrentar los miedos, reconozco mis virtudes y mi fuerza, luego hago pachangas y me divierto muchísimo.

Lo hago porque a las mujeres la sociedad nos llama soberbias si somos seguras, valientes; siempre he sabido que soy la protagonista de mi propia vida y ninguna mujer debería pedir perdón por ser brillante y fuerte.

Mi madre me enseñó a celebrar la vida y el privilegio de tener educación, salud, conocimiento. También gracias a ella y a mis abuelos maternos aprendí a gozar los instantes cotidianos, como cocinar, leer, jugar con mis perritas, hacer comilonas en casa, leer nuevos libros y escribir diarios.

Para mí la madurez no es un símbolo, es el camino que eliges cada día, cuando decides hacerte responsable de tus acciones, cuando sabes que enamorarte de nuevo te va a doler y te lanzas al vacío como si no hubiera mañana, cuando expresas lo que quieres sexualmente sin mentir (jamás he fingido un orgasmo, porque me parece que el placer debe ser auténtico y se va descubriendo con honestidad y deseo). El erotismo y la sexualidad siempre han sido muy importantes en mi vida y he tenido parejas que me complementan felizmente en ello, sobre todo en los últimos 20 años.

Creo que madurar es saber equivocarse y regresar sobre los propios pasos a escudriñar cómo fue que erraste; descubrirlo con honestidad nos hace crecer emocionalmente. La madurez es también nutrir la inteligencia emocional cada día.

Si creemos que ser adultas es ser maduras, nos equivocamos, porque la sabiduría no necesariamente se relaciona con el paso de los años, madura quien sabe amar a pesar del miedo al rechazo, quien pide perdón cuando lastima, quien escucha con plenitud las ideas de las y los otros. No creo que podamos madurar cuando decidimos rodearnos de gente que piensa como nosotras. Yo tengo amistades muy diversas y gracias a ello he aprendido a ser respetuosa, a ser paciente ante una discusión, a entender otras visiones y otros mundos. Nada más bello que aprender a fluir, a detener relaciones tóxicas, a decir «no quiero», a decir «me lastimas».

Creo que los hombres me encuentran más atractiva hoy, aunque no tengo el cuerpo que tenía a los 25, justo porque me caigo muy bien, me divierto sola; soy quien siempre quise ser.

A los 56 años me siento segura de mí misma, dispuesta a seguir aprendiendo, a descubrir nuevos caminos para intentar cambiar el mundo. He aprendido a cuidarme a mí misma, a poner límites. Ha sido muy difícil lograrlo, porque cuando descubrí que mi trabajo como reportera y defensora de derechos humanos era efectivo, que servía a las y los demás, me dejé llevar por las exigencias de miles de personas que cada vez pedían más ayuda, más consejos, más tiempo de mí para ellas. También aprendí a decir basta cuando mi expareja comenzó a actuar con envidia y celos frente a mis éxitos, quería que fuera «menos protagónica».

Pude diferenciar los momentos en que entregaba mi tiempo por el ego y aquellos en que sabía que la vida o la integridad de alguien estaban en juego y yo tenía el poder y la capacidad para evitarlo. Entonces encontré el equilibrio para la congruencia de la que siempre hablo. Una buena feminista pide buenos salarios para todas, así que aprendí a cobrar por mi trabajo sin sentirme culpable, y es que me gusta tanto lo que hago y me parece tan fascinante y fácil lograrlo que fue difícil aprender a ponerle un precio.

Cuando cumplí 30 años, ya viviendo cerca del mar, decidí que trabajaría mucho para mantenerme sola, aunque estuviera casada. Compré un terreno, construí una casa que yo misma diseñé, con un huerto, mis gallinas y un auto. Diseñé mi vida de tal manera que soy libre, nada material me ata, viajo mucho, me fascina bucear y velear, pintar y conocer nuevos lugares. Soy muy buena manejando la economía de mi hogar.

Los regalos que me ha dado la vida después de los 50 años son incontables. Uno de los más importantes, sin duda, es saber elegir con quién quiero estar, compartir mis pasiones con personas que me hacen ser una mujer más íntegra y feliz.

Mi hogar es un santuario de paz y amistad, invito solamente a personas que me quieren por quien soy y no por lo que tengo o lo que represento, tal vez por ello se ha convertido en un lugar en que escritoras y artistas vienen a terminar libros o escribir canciones; mi vida entera es un espacio de creación; aprender a cuidarlo, a decir no, a descansar cuando lo necesito, a decir primero yo y mi salud ha sido un proceso lento que solo pude afinar con el paso de los años. He descubierto también que madurar lleva consigo la responsabilidad de compartir el conocimiento con las y los más jóvenes, entregarles ese trozo de mundo bello y solidario que hemos cultivado; eso es maravilloso, puesto que ha implicado que aprenda de mujeres jóvenes y busque nuevas narrativas e invente proyectos novedosos para acercar la cultura de los derechos humanos, de la equidad y la paz a niñas y niños.

Creo que el secreto radica en mirarte al espejo y preguntarte: ¿Me gustaría ser alguien más? Si la respuesta es no, entonces has llegado a casa, te convertiste en tu propio hogar y no tienes que ir a buscar la paz a ningún sitio que no sea tu propio yo.

¿Qué escucho?

La música es uno de mis grandes amores. Quise armar para ti una *playlist* de canciones alegres que hablan sobre mucho de lo que viene en este libro y que pueden ser muy buena compañía e inspiración a la hora de crear este nuevo plan de acción.

Espero que te guste.

1 Ana Tijoux • Antipatriarca

2 Aretha Franklin • Respect

3 Bebe • Ella

4 Lizzo • Good as Hell

5 Francisca Valenzuela • Tómame

CAPÍTULO 2

Piedras en el río... pero que flotan

Libérate de los pensamientos negativos

Muchas veces y de manera inconsciente podemos estar viviendo instaladas en los recuerdos idealizados, es un lugar que nos brinda comodidad. Es perfectamente comprensible: ahí ocurrió una parte de nuestra historia en la que probablemente fuimos felices o exitosas, o las dos. La conversación y las referencias giran, con regularidad, alrededor de esas hazañas. Y aunque es lindo recordar, debemos dejar ir lo que ya fue, colocarnos en la presencia creadora del aquí y el ahora. Quedarse en el pasado implicará comparar cada evento que hoy experimentemos con esa etapa inolvidable que tan bien conocemos; nada de lo que pase hoy será suficiente y nos sentiremos fuera de nuestro elemento. Eso hay que remediarlo.

Ahora que ya conocemos las consecuencias de no vivir en atención y presencia plenas, vemos la conveniencia de volvernos expertas en el arte de observar y detectar fácilmente conductas o creencias que nos están dificultando (sin saberlo) la reinvención de nosotras mismas y la organización de nuevas acciones. Les comparto otro de mis compromisos liberadores:

No vivo en el pasado ni me revuelco
en los recuerdos de algo que ya fue;
siempre estoy lista para lo que sigue.

De verdad, si por ahí queda alguna mujer para quien cumplir años signifique dar un paso más hacia su anulación como ser deseable y útil, y crea que se acaban los motivos para sentir ilusión, tener ganas de vivir, le quiero decir: ¡ESA ES UNA MENTIRA ABSOLUTA! En la fabulosa madurez pensamos, sentimos, enseñamos, decidimos, de hecho, mucho mejor que antes. Seguimos deseando y tenemos fantasías que queremos y podemos vivir. ¿Yo, Gloria, qué quiero? Todo. Creernos menos útiles porque hemos llegado a cierta edad es colocarnos en el peor lugar emocional, es ponernos lentes que distorsionan todo hacia la desesperanza, la tristeza, la incertidumbre. Eso nubla el ánimo de nuestros días. Reconozcamos aquello que nos ha traído aquí: los tiempos gloriosos, los difíciles, los dolorosos, los emocionantes, los inciertos; todo lo que nos ha constituido en la mujer que hoy somos, divina, sí. Vivamos en un lugar de visión y propósito, más positivo y amoroso, y que ese sea el centro de operaciones del día a día, donde además nosotras llevamos el mando.

Estoy convencida de que los años sí traen consigo una dignidad padrísima que se refleja en nuestro rostro, que solo se obtiene viviendo. El año en que nacimos no nos define. Nuestra actitud, sí. Así que: ¡Adelante, sonriendo y dando gracias!

El conocido autosabotaje

El autosabotaje ha sido uno de los grandes temas en la vida de toda mujer de nuestra generación. Hemos caído ahí por lo menos una vez.

Yo fui una destacada practicante; acostumbraba tener pensamientos negativos, pesimistas. Básicamente vivía esperando la llegada de malas noticias. Nací en 1961: soy de esa generación. Tenía miedo hasta de hablar, siempre calculaba mis palabras, todo, para no ofender, para que no me regañaran en el trabajo, para no provocar la ira de mi papá, para pertenecer. Vivía aterrada pensando que lo bueno que me pasaba no era para mí. No me creía suficiente y eso es una forma de autosabotaje muy frecuente. Mi ego estaba feliz porque yo era clientaza de la mala vida.

Es que, querida, muchas de nosotras fuimos criadas en la cultura del sacrificio, la entrega, de ponernos de tapete; somos las nietas de *Como agua para chocolate* y rehenes de los mandamientos sociales y religiosos. Encuentro muy oportuno que hoy estemos teniendo esta conversación en la que queremos regalarnos un gran segundo tiempo en el partido de nuestra vida.

Por ello, comencé a observar a las mujeres de mi generación, a las que me rodeaban en diversos contextos, grupos; de todo tipo. Mujeres que fuimos criadas y adoctrinadas en un sistema de valores, creencias sociales y culturales que hoy puede resultar caduco y equivocado por girar en torno a la sumisión frente a la figura masculina, cuestionando nuestras capacidades y contribución al mundo; creyendo ciegamente en los estereotipos (inútiles) que se inventaron y que todavía hoy, en ciertos ámbitos, son socialmente aceptados.

Hemos sido tan *monas* que nunca cuestionamos nada. Lo fuimos aceptando todo como si fueran verdades absolutas, y bajo esos preceptos vivimos gran parte de la vida. Me da mucha risa recordar cuánto defendí conceptos que hoy ya ni siquiera comparto. No tengo claro de dónde me llegó la inspiración para romper con eso. Creo que he sido una rebelde pacífica que, sin hacer mucho ruido, estableció su postura. Desde entonces he ido despojándome de todos esos atavismos, decidiendo en claridad y conciencia con qué sí y con qué no comulgo.

Todo esto que comparto es lo que he ido aprendiendo con muy buenos resultados. Te propongo que empieces tu restructuración, es el momento de hacerlo, echando mano de nuestra gran madurez, con el amor que nos tenemos y la certeza de que podemos encaminar nuestra vida hacia donde nos plazca. Que nunca es tarde, que todo es posible...

Trabajé para convertirme en mi mejor aliada porque, claramente, por mucho tiempo fui la primera en dudar de mí. Existen muchas pruebas superadas, siento que me conozco mejor que nunca, me he liberado de muchísimas cargas que me impuse. Mi sistema de creencias sufrió una notable remodelación. Hoy vivo en constante reformación, porque ya me gustó.

Pero es necesario entender mejor esto del autosabotaje porque a todas nos ha pasado, el objetivo es identificarlo y cambiar esa dinámica. Te invito a hacer el siguiente ejercicio para reconocerlo y desactivarlo de nuestro sistema.

1. Recuerda una situación en donde algo bueno estaba por pasarte, quizá alguna oportunidad de trabajo, un cambio de residencia, en fin, algo que supondría un cambio en tu vida. Anótalo.

2. Tras la emoción inicial, ¿cómo te sentiste?, ¿qué otros pensamientos comenzaron a rondarte?, ¿qué ideas de autosabotaje aparecieron?

3. ¿Qué sucedió en realidad?, ¿pasó todo lo malo que pensaste?

Haciendo un recuento, todo lo negativo que daba casi por hecho nunca sucedía. Sufrí en vano anticipándome a escenarios que solo existieron en mi mente.

El objetivo del autosabotaje (alias *ego*) es mantener a una persona en miedo, victimización, culpa o en piloto automático. Emplea un mecanismo, que para nosotros es inconsciente, a través del cual la persona intenta evitar sufrimientos, situaciones desconocidas, de estrés, o cualquier evento que le cause dolor. Entonces permanecemos en el lugar que sentimos seguro y ahí suele haber parálisis. El típico «más vale malo por conocido que bueno por conocer» o «es lo que hay, ni modo» toma fuerza y ahí nos quedamos.

Por supuesto, este autosabotaje también es íntimo amigo de las creencias limitantes —temor al fracaso, al cambio—, lo que dificulta entender que nos engañamos aunque *juremos* que estamos bien. Cuando no podemos vernos a nosotras con claridad y amor, y nos autocalificamos imaginando opiniones externas, dejando que eso determine nuestro bienestar o malestar, nos convertimos en nuestro propio verdugo.

Dinamitamos puentes, todo el tiempo nos comparamos con alguien más, no nos consideramos suficientes y nos autoeliminamos de la jugada. ¿Quién gana con esto?

El siguiente ejemplo me encanta, es una historia real con nombre ficticio: Karla estaba invitada a una fiesta que le hacía toda la ilusión del mundo. Se imaginaba pasándola genial, conociendo gente y, por qué no, a un galán; estaba emocionadísima. Encontró el vestido perfecto en superbarata, se le veía hermoso. Hizo cita en el salón para que la arreglaran. Faltaban dos semanas y, «sin darse cuenta», se dedicó a comer compulsivamente, estaba «ansiosa» por el evento. El mero día se da cuenta de que el vestido no le cierra, se siente insegura de ir sola cuando pensaba que quizá ahí conocería a alguien; canceló la cita en el salón. Esa noche se quedó en su casa como Bridget Jones, comiendo helado, llorando y viendo una película romántica.

Dejó que la invadieran todos los miedos e inseguridades y prefirió quedarse en su casa sola. En ese territorio «seguro» para ella, que en un caso así es todo lo contrario.

PD. El vestido que ya no le queda no lo puede devolver.

Estas prácticas destructivas las podemos eliminar fortaleciendo la observación de nuestros pensamientos, lo que impedirá que les permitamos avanzar hasta convertirse en acciones que, basadas en esas creencias pobres, obstaculicen nuestro camino. Sincerémonos:

¿De dónde vienen esas creencias?

¿Para qué las creo?

¿Me son útiles?

Si soy la persona más importante
para mí, quiero ser también quien más
la respete y ame. Para ello es necesario
conocerme y comprenderme.

Momento conmigo

¿Cuál es tu manera de estar sola contigo? Meditar es una maravilla y una opción ideal, existen muchas formas de hacerlo. Es un estado de atención concentrada, útil para la reflexión y para entrenar nuestro cerebro a que se centre y enfoque, y que te lleva a la relajación. Aquí van algunos tips para meditar:

1. Atenta a tu respiración, observa que sea calmada, suave y controlada.

2. Revisa tu postura corporal, siéntate con la espalda erguida, las piernas en escuadra si es una silla y los hombros relajados.

3. Cierra los ojos para visualizar aquello que deseas trabajar.

Mi forma de meditar es hablar sola, a veces en voz alta, incluso hasta me entrevisto. Me doy cuenta de que esto me facilita la observación de mis pensamientos y profundizar en ellos, de estar conmigo, en contemplación.

He mencionado mucho los pensamientos porque una de las premisas más valiosas y poderosas que he aprendido y comprendido es que todo comienza ahí. Por eso, observar amorosa y constantemente nuestro diálogo interno es un gran hábito que conviene adquirir. Si observamos atentos, podremos cachar en qué nos conviene trabajar primero, con qué emoción nos tropezamos constantemente, cuáles son nuestros patrones repetitivos y qué es lo que nos genera ansiedad o dolor.

La interpretación que les demos a nuestros pensamientos determinará cómo nos sentimos y actuamos, así que procuremos suficientes momentos de silencio —ambiental y mental—, en los que podamos entablar esa conversación interna y vigilante que necesitamos para desactivar ideas que no queremos que trasciendan y permanecer congruentes con nuestros deseos en todo momento.

Conviene cuestionar esa charla interna, sin juicio pero atentamente. Estas preguntas que nos propone la conferencista e innovadora espiritual Byron Katie nos llevarán a conclusiones significativas. Hagamos la prueba. Trae a este momento un pensamiento que te ha estado rondando, pero para al que no encuentras solución y solo te incomoda (eso que te molesta poquito, pero que no lo consideras un gran conflicto), y pregúntate:

¿Es verdad?

¿Puedes saber que es verdad con certeza absoluta?

_____

_____

_____

_____

¿Cómo reaccionas y qué sucede cuando crees este pensamiento?

_____

_____

_____

_____

¿Quién serías sin este pensamiento?

_____

_____

_____

_____

Ya que tenemos nuestras respuestas, podemos verlas con más claridad y tomar decisiones. Esta conversación íntima, a calzón quitado, es altamente efectiva y muy reveladora. Sugiero que la lleves a cabo en tu lugar especial, donde nadie te interrumpe y te sientas bien: tu refugio. Es un descubrimiento liberador. Porfa, grábense esto:

— **A little coaching**

1. Los pensamientos son solo eso, son inofensivos hasta que les hacemos caso, haciéndolo les damos fuerza. Cuando nos empezamos a enrollar en ellos

y les inventamos una historia que los justifica, se convierten en emociones, y ahí se jodió el asunto. Nos empezamos a torturar gratis. Va un ejemplo.

Laura piensa que le cae mal a su jefa, está segura, ya se convenció. La observa y se obsesiona imaginando situaciones terribles, malos tratos y enfrentamientos con ella, y que, por supuesto, está por despedirla del trabajo.

2. **Bajo la influencia de esa historia inventada, reaccionamos.** Sí, damos rienda suelta a todos los demás fantasmas que vienen con ella.

Entonces Laura pasa noches de insomnio total; en su cabeza busca el siguiente trabajo porque este, sin duda, ya lo va a perder. Les cuenta a sus amigas que su jefa la odia y que algo malo pasará. Sufre porque está segura de que la van a despedir sin liquidación. Decide no pagar la inscripción del gimnasio y cancelar su cita con el dentista, porque hay que empezar a cortar gastos. Y ni hablar de salir de vacaciones. Entra en modo *pánico*. Recordemos: Laura se inventa todo.

3. Observa tus pensamientos y cuestiónalos para que se vuelvan inofensivos. Verás cómo se desvanecen y te liberas de ellos en lo cotidiano y lo fundamental.

Laura decidió renunciar antes de que la despidieran del trabajo, con ello se quedó sin liquidación y perdió la antigüedad de muchos años en la empresa. Es una historia real de alguien que se creyó sus pensamientos, alimentados por el ego que adora que sintamos miedo; la convenció de algo que no era real. Y ella, sin darse cuenta, lo permitió.

Vigilemos nuestra cabecita y lo que vive en ella para proteger y fortalecer nuestro sistema emocional. Un pensamiento va a detonar una emoción y, en función de ella, viene una reacción. Que sea la que nosotros queremos y nos funciona. Hagámosle caso a nuestros pensamientos solo después de haber pasado por el filtro de la conciencia.

Verás cómo tu vida es un reflejo de ellos. Tú tienes el control.

Para completar este tema,
te invito a que **escanees** este código.
Es material exclusivo para ti.

Cada vez que nos escuchamos es una nueva oportunidad para develar creencias que difícilmente habríamos cachado de otra manera. Fue así como caí en cuenta de que durante muchos años viví aterrada y ni me enteré. Yo tenía 13 años, las cosas en mi casa no eran armoniosas ni estables, económicamente, y yo estaba en plena etapa de la punzada nivel «turbo», empezaba a salir y querer estrenar. Decidí meterme a trabajar los fines de semana y fue una buena idea, sentía que no era una carga tan pesada para mis papás. Tuve varios trabajos hasta que empecé en la tele a los 21; qué emoción tan grande, pero había algo más: me sentía desprotegida, inexperta. Tenía pavor a equivocarme, a que me quitaran el trabajo. Era una chica en apariencia muy segura, pero hoy sé que estaba en pánico. Vivir con miedo no es vida. Conforme me fui conociendo mejor, descubrí cómo pasé tantos años intentando adormecer ese temor con trabajo y más trabajo.

Antes, ser víctima era equivalente a ser héroe. Y yo me había contado una historia muy dramática acerca de mi vida (se las ahorro). Pensaba: «Pobre Glorita, pero qué valiente es», «Cómo se parte la madre trabajando hasta los domingos», y así varias versiones de lo mismo. Eso justificaba que estuviera siempre ausente, distante. Vivía obsesionada con acertar, con ser infalible, mi prioridad 1, 2, 3, 4 era la chamba y yo era literalmente un robot. Sin sentido del humor, intolerante.

Mucho tiempo después pude darme cuenta de mis carencias y desconfianzas. Así también me liberé —ese fue un proceso transformador—, y con una nueva conciencia comencé la siguiente etapa. Entendí la importancia del tiempo que dedicamos a atendernos, conocernos mejor, conquistarnos a nosotras mismas antes que a los demás. El trabajo va de adentro hacia afuera.

El arte de no hacer nada

Lo de andar a prisa sabemos que no es temporal, sino una condición propia de los agitados tiempos que vivimos. Lo aconsejable es aprender a asignar espacios según nuestras prioridades e incluir un preciado espacio para nuestro esparcimiento, desconecte, recarga de baterías, o simplemente para descansar. Es algo que debemos hacer para contrarrestar esa rutina feroz.

La manera en que me regalo respiros, desde que me acuerdo hasta la fecha, es tal cual: dejar lo que estoy haciendo, encender la tele, echarme una cobijita encima (aunque haga calor) y dormir un rato; o solo quedarme en estado catatónico, en blanco. Qué rico suena. Pero me sentía superculpable por no estar haciendo algo *productivo*. La interpretación que le damos al «no hacer nada» cada día es más infame porque esta sociedad actual insiste en ser *multitasker*.

Me sentía culpable por mis siestas hasta que, en sesión de *coaching*, Ale Llamas me enseñó el genial «arte de no hacer nada». Me explicó que cuando nos tomamos esos respiros es porque una parte de nosotras lo está pidiendo, ya sea tu alma, tu mente cansada, tu creatividad: ¡es eso! Eliminemos la connotación negativa que le asignamos. El dizque «no hacer nada» es una oportunidad de vaciar tu mente por un momento para llenarte de paz y volver a tu poder. Es un regalo que nos permite contemplar, sentir, reflexionar, serenarnos, compartimentar. Así logré liberarme de esa cosa inservible que es la culpa.

Practico responsablemente el «arte de no hacer nada». Me encanta darme un descanso y solo concentrarme en respirar, eso aclara mi mente. También he descubierto que hacer ejercicio ayuda mucho y no solo en la parte física. Tengo unos años ejercitándome en la comodidad de mi sala; en verdad me carga de energía, despeja mi cabeza cuando está con muchas telarañas y estrés. Sí, me relaja. Pongo mi atención en los músculos, en mantener el abdomen apretado, en la transpiración, en el ritmo de los movimientos, en la energía y fuerza que gana mi cuerpo. Claro que caminar también cuenta como ejercicio; funciona y es una delicia; pones tu musiquita favorita y, en lugar de padecer el hacer ejercicio, esto se puede convertir en el oasis del día. El sedentarismo nunca es recomendable, menos aún en la madurez. Debemos movernos.

Mi otro desconecte preferido es descubrir historias y meterme en ellas, es un bálsamo total para mí: leer una novela apasionante, la biografía de alguien que admiro, las series me encantan. Prefiero las historias simples sobre las tramas muy densas o dramáticas. Mi objetivo es traer alegría a ese instante y salirme de mi propia cabeza. Recientemente he empezado a escuchar audiolibros en el súper, en los aeropuertos, mientras me baño. Son una gran compañía y así no me atraso con los títulos que me interesa leer. Escribir también es otra gran forma de estar conmigo; entender y darle forma a todo lo que vive en mi cabeza.

Por último, lo que considero una verdadera conquista en mi vida es disfrutar mi soledad. Estar solitas nos hace bien. Somos nuestra mejor compañía si así lo decidimos. Y digo que es una conquista porque en mis veintes, treintas, solo me ilusionaba pasar el tiempo libre rodeada de personas, en el plan que fuera. Los fines de semana me quedaba en la discoteca (en los ochenta) bailando hasta tardísimo.

Lo que no quería era volver a mi casa y a mi cabeza llena de preocupaciones, de pensamientos agobiantes con finales trágicos. Era temor a la soledad: no me conocía, no me valoraba y mi *creatividad* armaba unos escenarios terroríficos que para qué les cuento. Hoy, en cambio, esos momentos de aislamiento los busco, provoco y atesoro. Ese es otro regalo que me trajeron los años: me caigo bien y disfruto mi compañía. La soledad es mi amiga y gran cómplice, ahí se gestan los proyectos y aparecen las ideas fugaces que anoto inmediatamente para luego concretar. En la soledad me conozco mejor y doy gracias.

Existen otros temas que han cobrado una importancia que antes no tenían, por ejemplo, todo lo relacionado a la salud. Percibimos cambios, notamos qué dolorcito tiene potencial de ser un problema a largo plazo y es preciso atenderlo para que no crezca. Nuestro cuerpo exige más vigilancia. Tengo una regla: no dejo mis asuntos de salud para después. Uno aprende escuchando historias y la lección que más se me grabó es: «No hay mejor medicina que la preventiva».

Esto tomó otra dimensión después de que mi mamá casi se muere por no darle seguimiento a una bolita que le habían detectado y dejó sin atender. ¡O sea, la salud no se pospone!

No olvidemos agendar las citas de rutina que son semestrales o anuales:

- ✕ Mastografía y ultrasonido mamario de alta resolución

- ✕ Papanicolau y ultrasonido pélvico

✕ Limpieza dental

✕ Densitometría ósea de cadera y columna

✕ Radiografía de tórax

Es superútil y preciso anotar los síntomas inusuales que advertimos para dar la información completa al profesional que consultemos. Ser responsables con estos asuntos es un acto de amor hacia nosotras y trae paz. Cumplamos con el compromiso de cuidar nuestro cuerpo.

Sé que muchas mujeres que son madres o están a cargo de otras personas suelen anteponer la salud de sus hijos o sus padres (que cada día se vuelven más dependientes) a la suya. Quisiera decirles que nosotras tenemos que estar bien y sanas primero para poder cuidar a los demás. Por amor a nosotras y a nuestros seres más queridos, cuidar nuestra salud es prioridad.

Aprendo de la vida...
Karla Iberia Sánchez
(Periodista y conductora de televisión)

El talentosísimo Amid Sood, director del más ambicioso proyecto artístico de Google, fue entrevistado hace algún tiempo. Nacido en Bombay, radica en Nueva York. Un genio potente capaz de convencer a 260 directores de museos de digitalizar sus acervos. La entrevista iba bien, hasta que llegamos al primer cráter:

—¿Cuántos años tiene?

—Treinta y tantos.

—¿Treinta y cinco?

—Puede ser.

—¡Qué coqueto!

La edad crea un prejuicio, respondió tajante Sood. El reportero —quien en un intento de acercamiento dijo su edad— no logró nada. Tuvo que centrar la entrevista nuevamente en Google Arts, Google Maps y el futuro del buscador. Aplaudí como lectora. Me sentí identificada con la intuición de Sood: preguntar la edad del otro —de modo rutinario, como se pregunta el clima— es una especie de llave facilona para intentar adivinar el equis estadío en la vida del interlocutor.

No me sé los cumpleaños de nadie. Muchos años he olvidado el mío. Me ocurre seguido. Me da pereza quien repite como mantra los años que lleva haciendo tal o cual actividad. Quizá es una medida de protección. Siempre creo que soy una principiante. Lo soy. No sabemos nada de los otros solo con conocer su edad. «Porque saben el nombre de lo que busco, creen que saben lo que busco», dijera el gran Antonio Porchia.

Por eso pienso que «años» no es sinónimo de «edad». No hay correlación. Esa «edad social» del calendario romano, cronológica, está empapada de un discurso hecho y perverso: el paso del tiempo debilita el espíritu.

Soy reportera. Después de encharcarme en una serie de desastres naturales y metafóricos, conservo la misma curiosidad de una niña de 11 años. Por eso me pregunto: ¿Y si Amit Sood hubiera dicho su edad? ¿Qué habría venido a la cabeza del entrevistador?: «Ah. Sabe esto. Estudió tal. Escucha tal. Ochentero. Noventero. *Millenial. Xenial. Centennial*».

Me deja pensando: ¿Cuál será mi edad? ¿Se medirá por pasos o meses? ¿Por personas queridas? ¿Por personas perdidas? ¿Por personas entrevistadas? ¿Por aviones tomados? ¿Por llamadas hechas? ¿Por cerros caminados? ¿Por momentos malgastados? ¿Por grabaciones transcritas? ¿Por horas no dormidas? ¿Por horas bien dormidas o bien amadas?

Sin embargo, el paso de los días afina ciertas habilidades. Puedo olfatear a kilómetros de distancia un *shanzhai*: lo aparentemente bueno que resulta ser un fraude. Una mala copia. Sé cuando me enfrento a astucia de la mala. Pero puedo olfatear, como buen perro de carnicería, los mejores lugares, lo genuinamente brillante, los grandes conversadores, las líneas bien escritas. Los buenos rones. El buen humor. El gran humor.

Las terracerías han dejado intacto lo primario: reconozco lo noble, lo bueno, lo dulce. La amistad verdadera.

No sé si tengo miedo de que la ruleta me mande al sitio equivocado... pero no hay nada mejor que encontrar a alguien andado, como yo: contarnos alguna horrorosa anécdota de nuestra vida, reír con la ironía conforme del que sabe que no podías escaparte y al final decir: «Pero qué cabrón estuvo, ¿no?».

PD: Quien ha visto vaciarse todo, casi sabe de qué se llena todo. Otra de Porchia que me gusta.

La *multitasker* que todo lo puede

«¡Directamente del Cirque du Soleil, con ustedes, la malabarista más sorprendente del mundo!», o sea, cualquiera de nosotras. Adoro ver cómo siempre, mágicamente, encontramos la fórmula perfecta para poder con todo, ¿no? Ser ama de casa, cuidar hijitos, vivir en pareja, llevar una vida social, estar al día con las noticias, ser buenas en la chamba, andar bien depiladas y ver Instagram, jajaja. Así es la vida.

Aunque podamos hacer tres cosas a la vez, aunque cueste decir que no, aunque seamos las más pródigas con nuestro tiempo y atención, no resulta sano fragmentarnos o multiplicarnos de esa manera. Menos aún si esto detona una queja. Seamos selectivas con aquello a lo que dirigimos nuestra atención. Dediquémonos a definir el orden de las cosas, a lograr equilibrio entre los deberes y los quereres, hay que tener claras nuestras prioridades.

Aquí van unas sugerencias para organizarte:

× Haz una lista de los pendientes, luego ordénalos por su importancia y urgencia (que no es lo mismo).

× Organiza la lista por día, semana y mes, y establece metas a cumplir... Cúmplelas.

× Estima el tiempo que requieres para cumplir cada pendiente. Agéndalo; día, hora, etc., y, si te funciona, pon alarmas de recordatorio en tu celular.

× Haz una sola cosa a la vez para prestarle toda tu atención y obtener resultados de calidad.

× No dejes para mañana lo que puedas hacer hoy, lo que viene siendo procrastinar. Avanza.

Define el equilibrio que a ti te satisfaga; a lo mejor nadie más lo entiende, o es hasta caótico, quizá el orden de las prioridades no es el adecuado para alguien más. Mientras a ti te funcione... ¡funciona! Son ritmos y frecuencias que cada quien dispone en su vida según sus ocupaciones, intereses, personas y cosas que lo rodean. Confía en ti y en tu criterio, defiende tus decisiones al ser consistente con ellas.

No hay cabida para que opiniones externas basadas en juicios morales o en el desconocimiento nos afecten. Ni en esto ni en nada. Nadie vive nuestra vida ni tiene elementos para opinar sobre ella. No le entreguemos ese poder a nadie. Acuérdate, estamos reorganizando todo para que nuestra vida sea exactamente como la queremos vivir. Nosotras, hoy, vamos primero.

Y ahora que nos ponemos en primer lugar en la lista de prioridades viene uno de los grandes temas: ¿cabe una pareja en nuestra agenda?

Solemos darle un lugar principal y de privilegio a nuestra vida amorosa y puede llegar a ser ante casi cualquier cosa o persona, ¿te suena? Dirigimos nuestra intención para que la relación sea lo más perfecta posible, le queremos dar todas las prerrogativas, ventajas y concesiones, pero... *shit happens*. Quienes hemos tenido alguna experiencia en pareja sabemos muy bien que las expectativas no caben, el amor es incierto y eso de «felices para siempre...» se los debo. A mí me late mucho más el concepto de «felices hoy», y así cada día que pasa.

Son muchos los desafíos que enfrentamos en cuidado de nuestra relación, tratando de combatir los silenciosos y devastadores efectos de la rutina en la pareja, el desgaste cotidiano que aportan los problemas chicos y grandes de ambos y todo lo demás, pero nosotras, siempre guerreras, ideamos novedades para dar oxígeno al deseo, buscamos maneras para reconectar sexualmente y alejar el aburrimiento de nuestra cama.

Claro que no todo es sexo: nos arreglamos para gustarnos y gustar, proponemos planes románticos y pláticas deliciosas como cuando empezábamos a salir juntos. Suena perfecto, ¿no? Pero qué pasa cuando ya tienen un superplan para irse de fin de semana tipo luna de miel y justo en ese momento no se están cayendo de lo mejor. Lo que menos quieren es verse o estar solos, cuando ambos han acumulado pensamientos, reclamos, disgustos o simplemente están pasando por una de esas etapas de enfriamiento cíclicas en las relaciones largas.

Hablemos primero de cuando la relación ya dio lo que tenía que dar, ya no tiene remedio y parece que lo más sensato es tomar caminos separados. Una sabe, a veces los dos saben —pero tocar el tema es difícil— cuando hace tiempo que los malos momentos y desencuentros han superado los buenos. Los dos se sienten desvinculados y esto es más que una crisis existencial pasajera. El dilema no es solo la simple rutina. Quizá la convivencia es cordial, pero no hay contacto ni visual ni de ningún otro tipo, ni interés. Te choca cómo se le ve la camisa que le regalaste. A él o a ella le pasa algo similar. Se esquivan y nadie toma la iniciativa ni para un lado ni para el otro. Se ve, se percibe, la relación está en las últimas y lo sano es la separación.

En ese caso, lo mejor es tratar de que prevalezca la armonía y buscar un buen desenlace. Nadie se merece vivir en un infierno. Para eso se inventaron los divorcios.

Si, en cambio, lo único que tiene la pareja es cansancio, y a pesar de este sigue vigente el proyecto de vida que se plantearon y es su deseo seguir juntos, te tengo varias recomendaciones que te ayudarán. Están basadas en el *coaching*, ¡porque el *coaching* es MUY práctico!, uno no se hace bolas; simplificar los procesos es una buena idea siempre.

Cuando en la pareja hay armonía, solidez y siguen existiendo coincidencias (aunque de repente se caiga en los baches de la inevitable rutina), todo tiene arreglo. Que en nosotras quepa la sonrisa triunfadora y el control sobre cómo reaccionamos ante cualquier evento: deshacer el conflicto y resolver. Con que uno de los dos esté en esa postura, la cosa mejora. Y si nosotras tenemos la voluntad, podemos dar el primer paso. ¡Ya sé lo que estás pensando, pero te pido que lo intentes!

Recordemos que la pareja (y es nuestra responsabilidad que así suceda) ya no es ese concepto, ineficiente y disparejo, con el que crecimos. Al trabajar en nosotras esa transformación, en consecuencia, repercutirá en la relación. Los ajustes sutiles y constantes que vayamos incorporando darán resultados increíbles en todas las áreas de nuestra vida; en la amorosa también.

Esta pequeña lista me ha funcionado espectacularmente. Nunca tuve una relación tan satisfactoria y larga como hasta ahora, que empleo esta manera de hacer y pensar. Para mí, son las nuevas netas sobre la pareja:

✕ No es responsabilidad de nadie hacerme feliz. Eso solo está en el ámbito propio. «Él debería...», «Ella debería...», elimino ese discurso. Cada quien hace lo mejor que puede. Si no funciona, se establecen límites amorosos. O sea, se toman decisiones claras de mutuo acuerdo, las que sean necesarias.

✕ No me quejo de lo que no estoy dispuesta a cambiar en mí. Lo que veo en la otra persona y me molesta, sin duda, también está en mí: es un reflejo. Sí, tal cual.

✕ Soy una gran compañera. ¿A qué me refiero? Soy una gran compañera para mí, primero. Soy alguien que me gusta ver, que no se instala en la queja o el fastidio. Al serlo conmigo, lo soy con mi pareja.

× **Escucho, soy respetuosa conmigo y con mi pareja, soy consciente. Así, empática, se crea una relación más profunda.**

× Elimino en la medida de lo posible las expectativas. Negocio. Nadie tiene por qué adivinar mis pensamientos y deseos si no los comunico.

× **No pretendo que él quiera lo que yo quiero. Todos esos años juntos no nos han mimetizado. Somos seres individuales.**

× Soy, hago y doy aquello que deseo recibir.

Mi abue decía: «Compréndanse». Ese era su consejo siempre. Qué profundidad tiene. Y yo añadiría: «Y si no se comprenden, respétense de todas maneras».

Las leyes de la espiritualidad

En este punto quiero que visualicemos nuestra parte espiritual como un cajoncito de los deseos, donde también están nuestra paz y nuestros mejores sentimientos e intenciones, donde siempre hay una luz, un silencio mágico y vive la gratitud. De hecho, en gran medida esa es la intención de este libro: tener libre acceso a ese lugar interior desde el cual nos procuramos bienestar en todo momento para vivir en armonía con nuestro entorno, desde el respeto, la consideración y el amor. Al ser alguien compasiva, conciliadora, y que no provoca situaciones negativas, que elige no señalar, que es empática. En resumen: estar en conexión fija con el alma, con la conciencia y con todo eso que queremos ser y hacer en nosotros y reflejar en los demás.

Estando en plenitud nos relacionamos mejor con todos y todo lo que nos rodea. La manera en que elijo manifiestar mi parte espiritual es a través de los actos de conciencia: me conduzco conforme a los valores que considero positivos y busco la conexión con algo mayor. Eso es para mí la espiritualidad; es discreta y milagrosa.

En la filosofía hindú se mencionan cuatro leyes con las que encuentro mucha afinidad:

✕ La persona que llega a tu vida siempre es la persona correcta. Todos son nuestros maestros.

✕ Lo que sucede es la única cosa que podría haber sucedido. La que es mejor para ti.

✕ Cualquier momento en que algo comienza es el momento correcto. Porque es lo que te conviene vivir.

✕ Cuando algo termina, termina. Se cierra ese ciclo y puede comenzar otro simplemente distinto.

Así de sencillas como se muestran, me parece que estas leyes guardan pura sabiduría y generan paz.

Siempre me ha interesado indagar sobre fórmulas que me permitan ser una mejor mujer, persona; aunque no me enfoqué en una filosofía o corriente en particular, curioseé por muchos lados. La primera parte de mi vida observé la religión católica y algunos de sus preceptos, pero seguía con muchas interrogantes; no me sentía feliz, siempre sentía miedo y veía una repetición de patrones en mi vida. Seguí buscando hasta que llegué al proceso MMK de autoconocimiento, ahí encontré rutas, metodologías y logré inspeccionar mejor el mapa de mi mente, pensamientos e impulsos. Logré una mejor comprensión de mi intelecto y el poder de controlarlo.

Hoy sé que un viaje a nuestro interior es indispensable. Seguro que nos conocemos muy bien, pero necesitamos hacer el ejercicio de preguntarnos: ¿qué onda con mi vida?

Las preguntas buscan respuestas, pero a veces nos acobardamos para decirnos nuestras propias netas, mirarnos desnudas, sin cuentos fantásticos. El ego habrá intentado impedirlo muchas veces, creando pretextos, culpables, historias, que cómodamente nos desvían de lo genuino y nos obsequian justificaciones sensacionales. Es necesario conocer esas verdades, cuestionarlas de una por una, desenmarañarlas, para ubicarnos hoy y diseñar lo que queremos que venga a continuación. Se necesita humildad para revisar sin pudor ni filtro nuestra vida, definir qué nos funciona y comenzar a eliminar lo que no. Es una delicia deshacernos de lo que estorba, para atraer lo que nos enriquece. Les muestro la lista a partir de la cual simplifico mi existencia y lo que se fue a la basura:

A little coaching

✕ culpa
✕ vergüenza
✕ arrogancia
✕ queja
✕ preocupación
✕ resentimientos
✕ expectativas
✕ juicios
✕ pretextos
✕ creencias y declaraciones que no suman

Este ejercicio conlleva una liberación deliciosa y que nos coloca en el lado amable de la vida todo el tiempo.

Para completar este tema,
te invito a que **escanees** este código.
Es material exclusivo para ti.

Cuando estuve lista para aventarme el clavado hacia mis adentros, vi claramente lo que quería sanar, eliminar y en qué orden. Pude distinguir en primer lugar mi enorme soberbia, y cuando la vi de cerca descubrí que no era más que miedo con disfraz de prepotencia. También noté mi obsesión por siempre tener la razón, la «necesitaba» para que los de afuera me valoraran porque yo no me sentía suficiente. Caí en cuenta de que me deshacía dando explicaciones detalladas de cada paso que daba, que además no interesaba a nadie, y lo más triste: ¡comprendí por qué muchas veces yo solita me caía mal! Entendí a mucha gente cercana que trató de hacérmelo ver. Hoy soy distinta. Me fui liberando y aceptando que no soy perfecta y ni me interesa serlo. Que no tenía todas las respuestas ni era mejor que los demás. Todo fue perdiendo esa urgencia que me trajo en chinga tantos años. ¡Qué alivio! Por cierto, gracias a quienes me soportaron y también a quienes no.

Fue una gran lección ver tan frontalmente mi realidad y confirmar lo fácil que puede ser, teniendo voluntad, sustituir declaraciones y pensamientos negativos por otros más amorosos y funcionales. Ese poder nos pertenece a todos. Por eso insisto en que no hay excusas para no darle frescura a nuestra vida.

Si te descubres deprimida, insatisfecha, viviendo una vida que no quieres vivir, que te falta alegría y crees que ya debes resignarte porque fue lo que te tocó vivir: ¡no! No te quedes ahí, muévete de donde estés, atrapa cada una de esas sensaciones, trabájalas y desaparécelas. Implicará hacer cambios drásticos, sin duda. Sigue tu instinto, escúchate (quizá por primera vez) y colócate hasta el frente de la fila de tus prioridades.

Alimenta tu curiosidad y lee, estimula tu mente, pregunta, investiga, explora distintas ideas que te hagan salir del atorón en el que sientes que estás. Son acciones que debemos tomar para mantener el alma joven y feliz, y empezar a generar cambios. La resignación no es ninguna virtud, ni estamos sentenciadas a vivir nada que no queramos. Tenemos la fuerza para rescatar la ruta, es un acto que puede parecer valiente, pero en realidad es puro amor propio que reclama atención.

Aprendo de la vida...
Martha Sosa
(Productora de cine)

Para mi adorada hermiga
(hermana/amiga), Gloria Calzada

¿Crecer o envejecer?

Mi abuela Esperanza, que en 2019 cumplió 100 años, bien vividos, siempre ha dicho que hay dos tipos de personas: aquellas a las que les gusta crecer y a las que no.

Mi abuela pertenece al primer tipo y yo me he propuesto seguir su ejemplo. Es una decisión. En mi caso, la tomé en los años en que mis hormonas se apoderaron de mi cuerpo, cuando el rechazo dolía más, el acné era una tragedia y quería tener menos nalgas, más chichis y el pelo lacio. Disfrutar el crecimiento pasa por aceptarse. Todo se complica con la edad y también por eso se hace más interesante.

Voy, cada vez que puedo, a casa de mi abuela por una dosis de intimidad, de su alegría de vivir, de su curiosidad y de su sabiduría. Nos abrazamos delicioso, jugamos dominó, tomamos un caballito de tequila y ella siempre gana.

Me preparo para envejecer como ella. Con humor y con agradecimiento.

A mi edad, encuentro múltiples sorpresas, algunas no tan gratas como otras, cuando observo mi cuerpo, mi mente y mi relación con otras personas cambiar. Hay cicatrices, destrezas, arrugas, olvidos, manchitas, recuerdos, miedos antiguos y otros nuevos, nostalgias, achaques, pérdidas, más empatía, menos intolerancia, encuentros, fortalezas, mañas, certezas que tiro a la basura y un poco más de paz. Cuando ejercito mi curiosidad, logro darle la vuelta al miedo a morir que ocasionalmente me visita. ¿Qué más quiero saber? ¿Qué me falta aprender? ¿Qué hacía antes que ahora extraño? ¿Qué no dejaré de hacer hasta que la fuerza de mi cuerpo me lo impida? ¿Qué haré con mi añoranza? Me hago preguntas y, mientras me río de muchas de ellas, intento responderlas.

A los 41 aprendí (con un muy doloroso madrazo) que las respuestas son más poderosas cuando van acompañadas de acciones, no de palabras. Acciones que uno decide llevar a cabo. Puertas nuevas que abrir. Espacios que uno ocupa. Cuando era chica me gustaba mucho cantar y tocar la guitarra. Hace poco regresé a las clases de canto, con la idea de descubrir mi nueva voz, madura. En mi siguiente cumpleaños tendré listas al menos tres canciones para sorprender a mi familia y amigos. Mi voz es otra y ahora resbala mejor. Ya no me acuerdo por qué dejé de cantar, creo que le eché la culpa a un novio celoso, pero seguro fue mi miedo. Se vale retomar y corregir el rumbo a cualquier edad. Qué alivio saberlo. Eso te da la madurez: alivio y gozo.

No se puede cantar victoria aun con la experiencia y los años encima. La vida me da la oportunidad de seguir equivocándome. Recién cumplidos los 50 me enamoré como cuando tenía 16. Caí en la sabrosa miel, como una mosca con sobredosis de hormonas. Es mentira que estos inesperados «accidentes» solo nos pasan en la juventud. La pulsión del deseo está allí siempre. Eso que nos hace sentirnos vivos. Pues allá me fui, con todo, tras el espejismo: ver lo que deseas en donde no hay ni peras, ni manzanas, ni olmos, ni oasis. Pasó el tiempo y todo lo que tenía que pasar, para que yo despertara del autoengaño. Cómo duele y encabrona eso. Sobre todo porque una ya está grande. Qué terror cuando una no puede reconocerse. Aceptar que estamos perdidos también provoca bastante vergüenza. El ego herido. Pero del miedo y la pena propia viene la más grande de las valentías.

A bañarse y a salirse de ahí, lo más elegantemente posible. Intenté no dejar un tiradero. Eso te da la madurez: valentía y dignidad.

Me acompañan en este viaje de crecimiento las conversaciones íntimas con mujeres y hombres sabios, que además de recordarme quién soy, me confirman que todos nos equivocamos y tenemos el mismo miedo a la soledad. Es verdad que los amigos son el más grande tesoro y la familia que uno elige. Soy de esas personas que coleccionan momentos de intimidad. Ese es mi álbum más preciado.

Una antigua y divertida amiga me habló después de aquel «accidente» para felicitarme, pues
solo comprueba que mis hormonas todavía funcionan. Cosa de la que no todo el mundo puede pre-
sumir, en estas edades de bochornos y confusiones
nuevas. Recibí su felicitación como una estrellita
dorada en la frente.

Otra gran sabia, enorme escritora ella, me dijo
que a sus amigas que padecían «mal de amores»
les recomendaba que, además de llorar a mares,
usaran sus dedos y se regalaran a sí mismas unos
pródigos orgasmos. Muchas veces. Solo para volver
placenteramente a ese lugar que se llama autonomía. Enorme consejo con el que hubiera coincidido
mi otra abuela: Lucrecia.

Con la edad viene la autonomía y, del brazo, la
libertad. Son cosechas que se trabajan con el em-
peño, la búsqueda y un poco de fortuna.

Repetir lo que nos ha hecho felices es otra
gran práctica que me ayuda a encontrar mi esencia, cada vez que la pierdo o la olvido. La libertad
de los paseos en bicicleta, meterme al mar, la música en una sala de conciertos, los olores de las
especias mientras cocino, el aplauso de un públi-
co emocionado, las risas de aquellos que amo, el
descubrimiento de tierras nuevas, caminar en la
montaña, una fotografía, bailar. Mi hija, otra gran
sabia, me recuerda esta lista de cosas que hemos
compartido a lo largo de la vida, mientras acomoda
las plantas de su casa, donde ella es tan ella. Los
hijos también crecen y se van. Uno sigue creciendo

con ellos hasta que nuestras miradas las traza una línea horizontal.

Tengo la fortuna de dedicarme a hacer lo que más me gusta. Algo que mis padres me enseñaron con su ejemplo. Me rodeo de colaboradores más jóvenes y más viejos que yo, que no me tratan como a una tía o como a una sobrina. Me acompañan grandes cómplices, mujeres y hombres, con los que comparto y realizo proyectos de muy largo aliento. Me mueve mi curiosidad por el proceso creativo de los otros, de las y los que escriben, las y los que dirigen, las y los que actúan. Todos ellos, valientes personas. Busco historias que me provoquen pasión, también que le ofrezcan al espectador algo de esperanza y nuevas preguntas.

Me quedan unos 15 años para hacer unas 10 películas más y tal vez unas cuantas series. Pienso dedicar estos años productivos a historias que primordialmente tengan una perspectiva femenina y también que contribuyan a que mi país sea más justo y equitativo. El trabajo en la madurez implica ejercitar la generosidad con la certidumbre de que está en función de dejar una huella, pequeña o grande.

Mi amiga, Gloria, a quien dedico con amor y agradecimiento estas letras, me ha dado enormes lecciones de vida con su ejemplo y también la certeza de que los años son un regalo. Termino de leer el manuscrito de este libro y compruebo que es un acto de honestidad, generosidad y valentía. Gloria y yo somos de ese grupo de personas a las que les emociona crecer. Así lo hemos decidido.

¿Qué leo?

Dentro del riquísimo mundo de las mujeres en las letras, elegí algunos títulos que van en sincronía con nuestras conversaciones en este libro. A algunas de las autoras tengo la fortuna de conocerlas, a las otras las conozco desde la admiración.

1
Libérate de Alejandra Llamas
Un texto para trascender el dolor,
sobreponernos de la tristeza
y la nostalgia.

La amiga estupenda de Elena Ferrante
Dos mujeres que están aprendiendo
a ser dueñas de sí.

3
Ellos hablan de Lydia Cacho
Una reunión inusual de experiencias
masculinas sobre las violencias
que padecieron.

4

*Manual para mujeres
de la limpieza* de Lucía Berlin
Historias de mujeres fuertes,
desorientadas y extraordinarias.

5

Todos los días son nuestros
de Catalina Aguilar Mastretta
Sobre esos duelos amorosos que nos
permiten mirarnos por completo
y renacer.

6

Mal de amores de Ángeles Mastretta
En medio de la Revolución mexicana,
una mujer destaca por pelear contra
las costumbres para acercarse
al mundo moderno.

7

Yo, la peor de Mónica Lavín
La novela sobre sor Juana Inés
de la Cruz, inigualable mujer de retos.

CAPÍTULO 3

Las rodillas no mienten

Prepara tu cuerpo para sumarle años felices

Amo mi cuerpo. He sido una mujer sana y le tengo gratitud. Veo claramente ciertos cambios en él que se van pronunciando con el paso del tiempo. En mi caso, donde más duro me ha dado es en la vista: en un ojo traigo ya casi cinco dioptrías y estoy investigando qué voy a hacer al respecto. La cosa hormonal la tengo bastante controlada gracias a mi ginecólogo. Fuera de eso, todo bien, gracias.

Una de mis metas primordiales en esto de acumular años es no perder fuerza y agilidad física. Tiene todo que ver con la autonomía. Tendemos a perder masa muscular con los años, se vuelve más difícil conservar la que tenemos y construir nueva. Así que mi objetivo máximo al hacer ejercicio es ese justamente. Antes me concentraba solamente en hacer cardio y tener buena condición física, pero ya tiene un tiempo que incorporé ejercicios de resistencia y pesitas a mi rutina, y no, usar pesas no te va a poner musculosa.

He averiguado sobre el tema. El doctor Hernán Fraga me explicó: se le llama sarcopenia a la disminución de masa muscular, que comienza a suceder a partir de los 30 años. Y ¿por qué es bueno atender este asunto?: tener un índice de masa muscular adecuado nos ayudará a conservar nuestra fuerza, previene la fatiga, ayuda al músculo a sostener el esqueleto y por lo tanto a mantener mejor el equilibrio, favorece la vitalidad y evita la disminución de habilidades en la vida diaria. También promueve la salud de las articulaciones, ayuda a mantener un metabolismo sano y a no ganar peso porque el músculo, nuestro gran amigo, además de todo, quema grasa.

Hay que atesorar la masa muscular, porque la pérdida de la misma aumenta notablemente el riesgo de caídas y disminuye los tiempos de recuperación. En resúmen, la calidad de nuestra vida tiene una indiscutible relación directa con la cantidad de músculo que tenemos. Afortunadamente esta pérdida se puede revertir con entrenamientos de resistencia, trabajando piernas, espalda, hombros y la parte central del cuerpo, el núcleo.

Esta recomendación no se puede postergar. Si no puedes trabajar con peso, intenta los pilates. Hay pilates de piso que se pueden hacer en la casa.

Si tienes oportunidad, estaría perfecto consultar a un entrenador que, tomando en cuenta tus características, diseñe para ti una rutina adecuada. Con dos o tres sesiones es suficiente. Lo sugiero porque la forma en que hagas los ejercicios es determinante para lograr el objetivo y no lastimarte. Hacerlos mal es peor que no hacerlos. Empiezas con poquito peso y repeticiones, y así vas progresando; más peso y más repeticiones. Esta conquista deberá de ir acompañada de una alimentación en la que la proteína predomine.

Y no te fijes en la báscula, el músculo pesa más que la grasa, lo verás en tus medidas y en tu índice de masa muscular.

Bueno, querida, a darle, sin prisa. A hacerlo bien y no parar nunca. En serio, ni aunque tengamos 90 años.

Yo no hice ejercicio cuando era más joven, es un hábito que fui adquiriendo al proponérmelo. Es parte central de mi compromiso con mi bienestar y lo disfruto. No me fuerzo, pero busco siempre darle su espacio.

El ejercicio es mi amigo

El ejercicio es siempre una buena idea y, por más pretextos geniales que inventemos, sí lo podemos incluir en nuestro día a día. Es tarea de cada quien averiguar qué rutina le va mejor. Al movernos, nuestro cuerpo «aceita» las rodillas que reciben no solo el peso de los años, sino de todo nuestro ser, con todo y las bolsotas que a veces traemos.

Ejercitarnos ya no puede ser opcional y por eso busco que se acople de manera flexible a mi rutina diaria. Hay que ser prácticas. Nada debe ser tan inconveniente como para abandonarlo, tan costoso que sea un problema, ni latoso en ningún sentido. No es necesario ir a clases carísimas, ni traer un ajuar distinto cada día, ni ir al *gym* de moda que queda al otro lado de la ciudad. Hacer ejercicio es un asunto de decisión, disciplina, amor propio y salud. Yo encontré mi fórmula ideal: pongo un video en YouTube en mi casa y elijo qué ejercicio me late hacer ese día, qué parte del cuerpo quiero trabajar, los minutos que le quiero dedicar, casi casi qué tanto quiero sudar.

Existe una gran variedad de opciones: a veces es cardio, a veces barre, con o sin peso extra, pilates de piso, cuando traigo muy buena condición es HIIT (entrenamiento de alta intensidad en intervalos). Aunque, por ejemplo, este ya no me está gustando mucho por el impacto en las rodillas.

Muchas amigas me preguntan de dónde saco la fuerza de voluntad para hacer ejercicio en mi propia casa. Me lo hice menos complicado: solo necesito un poco de espacio, tener claro que ese rato no se lo dedico a un sufrimiento, sino a mí, para cuidarme y de verdad me hace sentir bien. Tengo mis ligas, pesitas y tapete, unos buenos tenis, y resulta taaan conveniente que no tengo ni medio pretexto.

Para completar este tema,
te invito a que **escanees** este código.
Es material exclusivo para ti.

Estirar

Hace unos meses me lesioné el hombro derecho. Asustada por la posibilidad de necesitar cirugía, fui a una clínica de rehabilitación. Todo estuvo bien con el hombro, pero salí de ahí con un valioso descubrimiento. Yo no tenía idea, pero tenemos que estirar nuestro cuerpo todos los días y, si se puede, mañana y noche. Esto no solo es para los atletas. Es uno de los mejores hábitos que podemos adquirir. Hacerlo protegerá nuestra movilidad y autonomía. Conservará nuestros músculos fuertes, flexibles y sanos. Favorece la agilidad, la buena postura, la óptima circulación, la oxigenación de los músculos. Ayuda incluso a prevenir y aliviar dolores de espalda, rodillas y cuello.

Si dedicamos cinco minutos por la mañana a hacer ciertos estiramientos, les juro que nuestro cuerpo entero se los agradecerá porque nos estaremos regalando una vitalidad deliciosa.

Si hemos sido sedentarias, no importa, estamos a tiempo de incorporar el movimiento a nuestra vida. Pasar mucho tiempo sentadas hace que los tendones de la pierna se tensen y eso impide extenderla completamente, lo cual afecta nuestro caminar; debemos estirarlos, y hay que hacerlo diario, de lo contrario la solución solo será temporal. Cuando las articulaciones van perdiendo flexibilidad, se afectan todos nuestros movimientos: caminar, levantar los brazos, hasta voltear la cabeza daña nuestro equilibrio y nos andamos cayendo.

Mi rutina diaria es sencilla. Lo primero que hago al despertar es estirar las piernas, después el tronco, luego estiro los brazos y, obvio, el cuello. Lo hago poco a poco, noto los avances y cómo voy logrando mayor flexibilidad. Aprovecho el momento para respirar profundamente.

Si nos acostumbramos desde ya, tengamos la edad que tengamos, le vamos a hacer un enorme favor a nuestro cuerpo y, conforme ganemos años, nuestros músculos no se van a contraer, ahuyentaremos problemas vasculares que pueden ser una lata perenne, tendremos circulación de quinceañera (okey, no tanto) y le estaremos dando salud y energía a nuestro cuerpo.

Para completar este tema,
te invito a que **escanees** este código.
Es material exclusivo para ti.

Postura y ligereza al caminar

Siempre he tenido mala postura, pero estoy mejorando desde que aplico rigurosamente las instrucciones de mi ortopedista, el doctor Jorge Mijares.

La higiene postural tiene como objetivo mantener la correcta posición del cuerpo, en quietud o en movimiento, y así evitar lesiones, dolor y fatiga, aprendiendo a proteger principalmente la columna vertebral en las actividades diarias.

¿Del 1 al 10, cuánto tenemos que cuidar nuestra columna? ¡11! Les comparto lo que me recomendó mi doc después de la regañiza que me puso, esa se las ahorro:

× Sobre el cuello. Evita la hiperflexión excesiva del cuello hacia un lado al hablar por teléfono; usa audífonos, evita dentro de lo posible usar tu celular mirando abajo. Elimina la costumbre de leer en la cama porque se dobla excesivamente el cuello y carga mucho peso en la cabeza al recargarla en el respaldo de la cama. ¿Nunca te has quedado torcida? Yo sí, por necia y no sentarme bien.

× **En la espalda media o dorsal.** Las posturas incorrectas al sentarnos desgastan las vértebras y pueden generar dolores conforme avanza la edad. No debemos sentarnos con los glúteos en la orilla del asiento, porque eso recarga mucho peso debajo de la cintura y al mismo tiempo deja la espalda media en forma de columpio, también soportando peso, pero sin un apoyo adecuado.

× La postura correcta para sentarse y evitar dolores. Con las pompas pegadas al respaldo del asiento y los pies tocando el piso, con las piernas a 90 grados. También se pueden evitar muchas dorsalgias procurando no cargar todo el día mochilas o bolsos pesados... ¡ups!

× **La forma de levantar algo pesado.** Se carga con piernas y brazos flexionados y vas estirando. Hay quienes se lesionan al recoger cosas que incluso no pesan, esto es porque lo hicieron usando solamente los músculos de la columna, que no son tan fuertes.

× Sobre la higiene lumbar. Es especialmente importante para quienes hacen ejercicio, o sea,

¡nosotras! Fortalece la parte anterior del abdomen y evita el desbalance muscular que es la causa más frecuente del famoso dolor bajo de espalda [ejercicios de Williams].

Para completar este tema,
te invito a que **escanees** este código.
Es material exclusivo para ti.

Cada parte de mi cuerpo

En un consenso general entre varios profesionales dedicados a la dermatología, cirugía plástica, cosmetólogos y maquillistas, la conclusión es que una mujer madura, bella y digna es aquella que se siente cómoda consigo misma, que se desenvuelve en su mejor versión en todos los ámbitos. Disfruta de una vida personal estable, tiene amigas, es segura de sí misma, procura su bienestar y eso se nota en su manera de vestir y actitud, y su aspecto general. Esa mujer seguramente practica los siguientes consejos antiedad de los especialistas: que sean parte de nuestro nuevo ritual.

× Dormir de siete a ocho horas diarias, profundas.

× Mantener un buen balance hormonal.

× Medir tus antioxidantes y hacer tus estudios cuando toquen.

× Mantener una sexualidad activa.

× Disfrutar de una vida social, espiritual, con propósito.

× Tener una alimentación saludable, balanceada.

× Respirar adecuadamente y en lo posible meditar.

× Hacer ejercicio, cardio, resistencia y estiramientos para la flexibilidad. No me los inventé yo, sino los médicos. Que conste.

La piel

En la piel se refleja la salud general del cuerpo, acusa nuestros hábitos, excesos y carencias. También los cambios que se producen en el organismo. Por fortuna actualmente hay mucha tecnología en la industria del cuidado de la piel que nos ayuda a protegerla.

A la hora del baño es importante saber que debemos evitar los exfoliantes o estropajos muy agresivos. Para que la crema hidratante corporal haga bien su trabajo, apliquémosla sobre la piel húmeda para que penetre adecuadamente. Si tu piel es tan seca como la mía, que la crema lleve en su fórmula: urea, manteca de karité o algún emoliente muy activo.

El sol, además de dañar la piel, la reseca, así que ese es otro motivo más para alejarnos de él de manera directa.

Lo de tomar agua no es una moda. Es una necesidad de nuestro organismo y la piel es parte de él. Bebe dos litros a lo largo del día.

La cara

¿Has notado cómo últimamente la piel de tu cutis se ha ido haciendo más gruesa? ¿Quizá más pálida? Es que la circulación de la sangre es menos activa. ¿Sentimos menos firme la piel? Es por la disminución de elastina y colágeno. Descubrimos nuevas arruguitas y colgamiento que se percibe en el arco mandibular, la papada, los párpados, ¿verdad? Perfecto: comencemos a darle un trato especial a nuestra carta de presentación ante el mundo.

Tengamos productos formulados justamente para el tipo de cutis que hoy tenemos, hay de muchas marcas y precios. No hay que hacer grandes inversiones, más que de tiempo, para elegir la mejor opción para nosotras entre el gran universo de marcas y fórmulas que hay. Para desmaquillarnos usemos productos no agresivos y que no resequen la piel. Tras la limpieza, apliquemos un tónico hidratante tanto en la mañana como en la noche. Recuerden que, con la edad, la piel va perdiendo agua y hay que compensarla: ¡la hidratación es clave! Por eso los sérums hoy son tan populares.

Nos conviene incluir por las mañanas vitamina C o algún antioxidante, y por la noche algo con retinoides o ácido glicólico. Notarás que los productos para pieles maduras ahora son más cremosos que los que usábamos antes.

Es indispensable aplicar protector solar después de la crema hidratante. Hay una gama inmensa e incluso unos padrísimos que tienen colorcito y ese *look* queda muy natural.

¡Ah! Y la crema de ojos. Insisto, que tenga consistencia cremosa y, de ser posible, con algo de retinoide para que ayude con las arrugas.

Los cuidados de la cara siempre hay que extenderlos al cuello y al escote, y aplicarlos dos veces al día es ideal.

Es una gran idea aplicar las cremas con los rodillos faciales de piedras semipreciosas que son tan populares, porque ayudan a que el producto penetre bien. Le agradezco a la doctora Olga Labastida, mi dermatóloga, toda la información.

Las manos

Muchas de nosotras hablamos con las manos, ¿no? Qué bien que tengan personalidad —recuerdo especialmente las de La Doña, las de Barbra Streisand—. Yo no heredé las hermosas manos de mi mamá; Gaby, mi hermana, sí. Las mías son huesudas y se transparentan todas las venas. La edad se deja ver en las manos, dicen. Sobre todo con esas manchas por las que muchas personas manejaron con guantes muchos años. Hoy ya hay muchas maneras de eliminarlas si eso deseamos. Son muy efectivos los láseres específicos de pigmento o luz pulsada intensa, que eliminan las manchas con dos a cuatro sesiones. Si además de quitar las manchas quieres rejuvenecer el aspecto de la piel de tus manos, puedes usar un tratamiento con láser que genere *recambio* de piel, como tulium o erbium.

Hay profesionales que las tratan con nitrógeno líquido, pero ojo, pueden quedar manchas blancas. También hay rellenos para manos. Yo no me hice esto.

Los pies

Los buenos o malos cuidados que les dimos a nuestros pies en la juventud se reflejan cruelmente en facturas muy «caras» por haber usado tacones altos, zapatos con punta aguda y hasta los flats, que tampoco son adecuados, justo por no llevar nada de tacón.

Los pies nunca dejarán de sufrir modificaciones en su forma, la circulación y las uñas. Se irá aplanando el arco y el pie se ensanchará buscando tener un área de apoyo más segura y equilibrada. Sí, así las cosas.

Les comparto ahora las recomendaciones de mi podólogo Armando Calderón para cuidar nuestros piecitos en esto de hacerse mayores:

× Usar tacón de no más de 4 cm para tener un buen reparto de la carga del cuerpo sobre el pie (50% antepié y 50% retropié).

× Que el zapato tenga puntera con altura interna y ancho suficientes, o sea, que nos quepan cómodamente los deditos. Esto nos permitirá caminar con mayor ligereza, sin arrastrar los pies, con menos fatiga y evitará que se lastimen las uñas.

✕ Solo andar descalzas en la arena o el pasto. Hacerlo en superficies planas no es recomendable ni para los arcos ni para la piel.

✕ Ama a tus pies humectando los dedos y la cutícula, y pon especial cuidado en los talones, todos los días. Si la crema tiene urea, mejor.

¿Usar tacones? Una de las renuncias nada agradables que ando negociando conmigo misma es la altura de mis tacones. Los amo y me gustan altos, estilizados, sexys; pero no soy bruta, no pienso fregarme las rodillas ni lastimarme la espalda baja, ni todo lo malo que tristemente hacen a nuestro cuerpo.

Cuando usamos tacones, el cuerpo trata de compensar el desequilibrio al que lo sometemos inclinándose hacia adelante o hacia atrás, cargando todo nuestro peso en el antepié y forzando la cadera y la espina dorsal. En consecuencia, la pantorrilla, la cadera y la espalda baja se tensan. Los tacones muy altos nos desalinean y ponen exceso de presión en las rodillas. Y ya no le sigo, o voy a llorar.

Sí, ya entendí que no me conviene seguir usando tacones de 15 cm y que camino como pollo espinado, pero empatiza conmigo, no es fácil dejar ir a un amor tan grande. Esta información me rompió el corazón porque no le conviene a la mayoría de mis zapatos ni a mis *looks* favoritos, pero la estoy tomando en cuenta. Estoy haciendo lentamente la transición. O sea, a bajarle a los centímetros. Comencé renunciando a usar tacones en los aeropuertos. Por fortuna se usan mucho los tenis, tengo mis chanclas favoritas y estoy buscando zapatitos coquetos de medio tacón. Ya dejo las hermosuras de princesa solo para ocasiones especiales. Vayan mis respetos a las señoritas sobrecargos.

De cualquier forma, te dejo unos tips para las que insistimos:

× No uses tacones por periodos muy prolongados (lleva siempre unas sandalias en la bolsa).

× Estira los músculos de las piernas antes y después de usar tacones (se los dije, estirar).

× Modera la altura, se sugiere un máximo de 5 cm (¡nooooooo!, bueno, ni modo).

× Compra zapatos a mediodía, que es cuando nuestros pies están más grandes, para que luego no nos aprieten.

× Evita lo más que puedas las puntas agudas (las que más me gustan).

× Si se puede, usa plantillas de piel para que no se patine el pie dentro del zapato.

× No uses los mismos zapatos dos días seguidos, que sean de distinta horma.

El cabello

Chicas, hay todo un debate... lo correcto es cabello, pero decimos pelo. ¿Qué hago?

En el manual de las instrucciones de la vida dice que las mujeres mayores deben usar el pelo corto. Se entiende como LA opción porque el pelo, a veces de manera gradual y otras de sopetón, cambia completamente su estructura. A nuestro pelito tan chulo le pasa de todo. Primero hablemos de las canas. El cabello pierde melanina, que es lo que le da color, también pierde proteínas y se nos va volviendo blanco. Las canas tienen otra textura y son más gruesas que el cabello normal, por eso siempre se ven paradas por toda la cabeza como antenitas. Para contrarrestar eso debemos hidratar el cabello. Hay productos para hacerlo en casa, remedios caseros y los tratamientos de cabina en salones especializados. Cuando siento el pelo muy reseco, me pongo aceite de coco. Ayuda mucho, es fácil de enjuagar y económico.

¿Qué onda con la melena que teníamos? Perdemos densidad y a la vez el pelo se adelgaza. En otras ocasiones también se cae mucho y la velocidad a la que crece y se reponen los folículos no es la misma. Por lo tanto, también perdemos volumen y cuerpo. Por si fuera poco, se deshidrata. Te recomiendo ser muy moderada con el uso de instrumentos de calor, como planchas y tenazas para peinarte, o volverás locas a tus glándulas sebáceas. Lo mismo pasa si lavamos demasiado el pelo, porque le robamos sus aceites naturales y se seca más.

Hace unos tres o cuatro meses, casi de un día para otro, mi pelo que era como esponjado/grifo se volvió ondulado, me convino; pero puede suceder al revés, puedes perder tus chinitos y el pelo se pone lacio o inmanejable. Obedece a los cambios hormonales y la falta de proteína. Por todo eso hay que tratar de mantener el cuero cabelludo sano. Esta es una parte natural de nuestro ciclo de vida y hay que recibirlo con información y buena actitud. No somos Sansón y en la cabellera no radica nuestro poder y mucho menos nuestra belleza. Mantengamos nuestro pelo sano, usando algunos productos que ayuden a hidratarlo, y sí, recomiendo cortarlo.

Es un momento perfecto para buscar un corte lindo que te dé frescura, un cambio al *look* de siempre. Un día de estos me voy a cortar el pelo muy chiquito, ya tengo una selección de estilos que me gustan. Una buena idea que me dieron es ir a una tienda de pelucas, probarme varias y tomarme fotos. También hay que considerar la textura de nuestro pelo antes de meterle tijera. Por eso la opinión de un buen estilista de confianza que nos conozca bien y a nuestro cabello también es lo ideal, nos hará lucir fabulosas. Hay quienes usan apliques o postizos, para quienes tienen poquito pelo o alopecia los postizos son muy útiles.

A determinada edad la melena ya no se mueve bonito, ni brilla tanto. El pelo sano es más atractivo. Por eso me encanta la opción de cortarlo.

Pongo aquí unos buenos consejos en caso de que quieras ocultar las canas con tinte:

> ✗ Si no quieres pintar todo el cabello, puedes hacer efectos de color, como las *babylights*. O sea, usar uno o dos tonos más claros que tu color base dentro de la misma gama, lograrás camuflajear las canas (cuando son poquitas).

× Hay muchos tintes sin amoniaco, que duran poco, pero son menos agresivos para el sensible cuero cabelludo y el resultado es más natural.

× Si ya tienes más de 50% de tu pelo con canas y te niegas a aplicar un tinte parejo, te sugiero ir con tu colorista de confianza para encontrar tu rubio ideal. Puede integrarlo a las canas con un efecto de color y con ello evitar los retoques constantes.

× Usa mechones oscuros. Es cuando pintas mechones de color oscuro para minimizar la cantidad de canas. Hay colores semipermanentes que duran entre seis y 10 lavadas.

× Si te quieres dejar las canas, que pueden verse muy lindas, lo mejor es matizarlas para quitarles el tono amarillento. De una vez hazte un corte de pelo muy *cool*. El chiste es no estresarnos.

Transformaciones corporales

Ciertos cambios en nuestro cuerpo ya son irreversibles y, en lo personal, confieso que algunos me provocaron poquita tristeza. Apliqué el sistema de sentir esa emoción unos segundos, le eliminé la connotación negativa y quedó atrás. Es parte del proceso de vivir. Punto.

Recientemente ha estado creciendo un movimiento social llamado Body Positivity (cuerpos en positivo), en el que las mujeres aceptan y aman su cuerpo tal como es: con celulitis, arrugas, acné, alopecia, pecas, sobrepeso, cicatrices, tamaño, color... como este sea. En pocas palabras, así como la edad vale madres, la forma cómo nos veamos según los estándares establecidos por los medios también. Las personas debemos amarnos y aceptar nuestras características físicas. Ellas no nos definen. Tus particularidades te vuelven única. Siéntete cómoda con ello. Estos son algunos de los cambios más frecuentes al llegar a nuestra edad.

Grasa corporal

Se vuelve más evidente la acumulación de grasa. Pues sí, el metabolismo se va alentando y ocurren muchos procesos que, en términos generales, podemos combatir con buenos hábitos. Nadie espera tener la misma cintura a los 20 que a los 50, no es realista. ¿Pero por qué es ahí donde se acumula la grasa? Lo relevante del tema es que esa grasa es peligrosa: puede provocar diabetes, infartos, problemas cardiovasculares; así que a darle duro a las abdominales. Así como tener músculo activa el metabolismo, la grasa lo alenta.

¿Y qué me dices de los senos, por qué también ahí? Intrigada, interrogué intensamente a muchos especialistas en diversas disciplinas y la conclusión es que la acumulación de grasa en esa zona se debe al déficit o desajuste hormonal propio de la edad, por una dieta inadecuada que genera inflamación o por la resistencia a la insulina. Lo bueno es que en la mayoría de los casos esto se puede revertir con buena alimentación, ejercicio y supervisión médica.

Celulitis

Yo siempre he tenido celu, pero a últimas fechas noto que tengo más. Es que ahora estamos acumulando más grasa y la menopausia la alborota. Hay tres tipos de celulitis: acuosa por retención de agua, grasa por la densidad de los tejidos y fibrosa, que es el tejido conectivo alrededor de la grasa, cuando se ve como piel de naranja.

Si quieres combatirla o disimularla, comienza por lo fácil: agua, ejercicio, comer saludable. Pero si es algo que queremos atacar con toda la caballería, existen muchos tratamientos, desde las vendas frías, drenajes linfáticos, masajes hasta aparatos muy novedosos y sofisticados como el Endermologie, que ayuda a romper las fibras, y dos tecnologías nuevas que están teniendo muy buena recomendación: una se llama Onda, que justo funciona por medio de microondas, y la otra es Cellfina, que va un poco más allá de la superficie de la piel, con unas microagujas que liberan los hundimientos de la celulitis. En lo personal, sin que me guste y sin dejar que se apropie de mis piernas, ya he hecho las paces con la celulitis que tengo, la mantengo a raya con la primera recomendación y no me agobio.

Resequedad

Solo por enfatizar; tomar agua es indispensable para vivir bien. Influye en el correcto funcionamiento del corazón que bombea sangre y hace que los músculos trabajen eficientemente, hidrata el cerebro, mejora la conductividad eléctrica del cuerpo, ayuda a una buena retención de agua: somos 70% agua. Todos nuestros órganos y procesos necesitan agua. Los refrescos no hidratan, ni el café; toma agua. Compra un termo lindo que traigas contigo siempre.

Várices

Son las venitas de araña en los tobillos, en las corvas, que no se ven lindas, pero se pueden tratar de manera sencilla. El proceso se llama escleroterapia y consiste en inyectar una solución directamente en la vena, que hace que esta cicatrice, forzando la sangre a reencaminarse a través de venas más sanas. La vena colapsada es absorbida por el tejido local y con el tiempo desaparece. También se pueden tratar con láser. Yo me traté unas arañitas que tenía en el área de la rodilla y me resultó muy bien. Pero hay casos más graves; alguien muy querida para mí tiene una bronca terrible de várices de otro nivel. Al acompañarla a ver a un especialista para encontrar alivio a su problema, aprendí algo que es una joyita que les regalo, hagan de cuenta que acabo de depositarles en su cuenta de ahorros, porque con esta información se van a evitar muchas molestias. Hablo de la higiene vascular. ¿Qué es eso? Los principios preventivos, cortesía del doctor Salomón Cohen, que todos debemos seguir para mantener una adecuada salud vascular para que nuestras piernitas, tan lindas y serviciales, nunca sufran.

× Ejercitarnos para mantener las arterias sanas. La contracción muscular es la bomba que ayuda al sistema venoso a funcionar.

× Evitar estar de pie o sentadas por tiempo prolon-
gado. Si es más de una hora, u hora y media, hay
que levantarnos para activar la circulación arterial
y venosa.

× Elevar los miembros pélvicos. O sea, desde la cintura hacia abajo. La fuerza de gravedad juega un
papel importante en el retorno venoso, y por eso
elevar las piernas 15 cm aproximadamente nos ayuda. Hacerlo por lapsos cortos o mientras vemos la
televisión o leemos.

× Usar soporte elástico de compresión baja. Esto lo
debe adoptar cualquier persona que se mantiene de
pie por tiempos prolongados, o en viajes largos por
carretera o avión. Yo tengo mis medias y juro que me
las pongo cuando el viaje es largo.

× Mantener el cuerpo bien hidratado evita que la sangre sea más espesa, lo que nos ayuda a disminuir
los riesgos de coágulos.

No tener ya esa cinturita de antes no es pecado. Comprar ropa una o dos tallas arriba de la que siempre
usamos no es motivo de depresión. En serio. No nos
centremos en lo estético, no es tan importante. El
cuerpo nos va a hablar en todo este proceso. Escuché-
moslo y amemos lo que está pasando. Cuidémonos y
querámonos. No estoy siendo la presidenta del Club
de los Optimistas, simplemente te comparto algo por
lo que yo también estoy pasando y lo mucho que me
ha servido aplicar lo que escribo en este libro. No

quiero ser una eterna chavita, ni pretendo usar bikini para siempre; celebro mis años, comprendo y agradezco que existan ciclos. Además, no es que haya otra alternativa. La vida es así, ¿qué prefieres? Yo, pasarla divino.

Cuidar la vista

¡Ay, Dios mío! Lo que nunca, pero nunca se me ocurrió cuando observaba a mis abuelitos y tías mayores, con sus lentes de fondo de botella, era que eso es hereditario. Si algo me ha hecho palpar el proceso de hacerme mayor es el departamento de oftalmología. De por sí nunca tuve visión perfecta, pero ahora que tengo casi cinco dioptrías en el ojo izquierdo, que sin lentes no reconozco ni a mi novio (a más de cuatro metros), y que si está oscuro no distingo, he estado investigando todas las opciones que hay para estos ojitos que han visto tanto y que hoy necesitan ayuda nivel Mr. Magoo.

Además de la presbicia o vista cansada, no veo de lejos. Tengo síndrome de ojo seco y cada año aumenta mi graduación. Los ojos en la edad madura son EL tema. Cuando todo nos empieza a pasar por primera vez, los ojos brincan, literalmente. Este es un resumen buenísimo que le agradezco a mi oftalmólogo César Sánchez Galeana.

¿Qué es la vista cansada? Imagínate el ojo como la cámara de tu teléfono. Si la diriges a tu mano y luego la quitas, te darás cuenta de que el sistema automáticamente enfoca el objeto que está más lejos en el encuadre. Es el *autofocus* o enfoque automático de la cámara. ¡Así son los ojos! Bueno, eso comienza a ocurrir a los 40 años, aproximadamente. Es ineludible.

¿Qué alternativas hay? Lo más práctico es acudir al oftalmólogo para que mida exactamente la graduación que tienes. Que además te haga un *check-up* de la vista y detecte cosas que en una óptica no pueden.

Ya que tienes tu graduación, puedes comprarte lentes y mandarlos graduar o comprar lentes pre-graduados, pero no en la calle, de preferencia en una tienda departamental que tiene lentes de calidad en 200 0 300 pesos y hay algunos muy monos. Compra dos o tres para tener un par en la cómoda, otros en la bolsa y otros en tu oficina. Eso es lo más práctico, pero cuando empiezas a no ver bien, esos de la tienda no son para siempre, porque la presbicia no avanza pareja en ambos ojos, entonces ¡en uno puedes tener 1.5 y en el otro 2.5! Ya para entonces recomiendo unos lentes progresivos que son idénticos a los lentes para ver de lejos, no se les nota la graduación para ver de cerca pero llevan la graduación exacta para cada ojo. ¡Hay diseños lindos! Incluso algunos lentes de sol los puedes volver de graduación.

Si no quieres usar lentes, hay un método que se conoce como monovisión, para esto tienes que ver perfecto de lejos; te adaptan un lente de contacto solo en un ojo para que vea de cerca, mientras que el otro ojo se queda para ver de lejos. Hay muchas personas que usan esta solución con la vista cansada, y aunque es una lata quitar y poner un lente de contacto, quienes ya lo usan dicen que les va muy bien. Hay una forma de monovisión con láser, pero eso es ya una cirugía y tendrías que platicar con tu especialista los pros y los contras.

Encontré una forma de tratamiento de vista cansada que me dejó sorprendida. Una amiga que tiene mi edad ve perfecto. ¡Qué padre, yo quiero! Fui a averiguar: son los lentes intraoculares multifocales que existen desde hace más de una década. Les va muy bien a las personas mayores que operan de cataratas con los lentes intraoculares multifocales; ven perfecto tanto de lejos como de cerca. Mi mamá, de 84, no usa lentes porque justo la operaron de cataratas. Hay oftalmólogos que están implantando los mismos lentes a personas que lo único que tienen es vista cansada, con el requisito de que tengan 55 años o más y que estén sanos. Aunque suene drástico y pueda ser caro, lo dejo aquí, porque la alternativa existe. Creo que ese es mi siguiente paso.

¿Qué pasa con los ojos secos? Con la menopausia se seca la piel, el cabello y los ojos también. Las lágrimas se evaporan más rápido, la primera señal es tener todo el tiempo la sensación de que traemos una pestaña metida, primero en un ojo, luego en el otro, luego en los dos. Se suma que el aire acondicionado del coche, del avión o del centro comercial nos pone los ojos rojos y sentimos como si tuviéramos un costal de arena dentro. Lo mejor es usar gotas lubricantes.

Los colirios con lágrimas artificiales se venden sin receta en las farmacias. Busca lágrimas que contengan ácido hialurónico, que es una sustancia que permanece mucho más tiempo en el ojo que las gotas de metil-celulosa, que sirven para muy poco. Lo pongo así de específico para que sepamos qué pedir en la farmacia. Ten dos de goteros. Puedes dejar uno en el refri en una bolsita sellada y ponerte un par de gotas en la tarde y en la noche que llegues megacansada. Guarda uno en tu oficina en un lugar fresco y úsalo cuantas veces quieras al día. No te recomiendo que los lleves en la bolsa o en el coche, porque se van a calentar y en lugar de refrescarte te harán sentir incómoda. Si a pesar de usar las lágrimas artificiales sigues con molestias o tienes algunos otros síntomas, como la boca seca, mejor date una vuelta con tu oftalmólogo de cabecera para que te ayude con algo más especializado.

Perder pestañas

Ya no crecen como cuando teníamos 20, pero tenemos nuestras pestañitas y hay que cuidarlas. ¿Sigues usando la cucharita para enchinarlas? Seguro lo has hecho por años y años. Yo no lo sabía, pero las cucharas tienen bordes irregulares y lo que hacen además de «enchinarlas» es fracturarlas, y es probable que traigas varias a la mitad. Busca un buen enchinador con un cojincito, es mejor. Inviértele a uno bueno.

También ahora están de moda las extensiones de pestañas que se colocan una a una, pero debes ir con alguien de mucha experiencia que las aplique bien y que use los materiales correctos. Si usan un adhesivo no autorizado para esa zona, te pueden dañar los ojos. Si las aplican mal, te pueden detonar una dermatitis cañona. Se ven lindas, pero te tiran las pestañas. Yo las uso cuando voy a hacer un viaje especial, pero luego voy a que me las quiten. En las noches cuando te desmaquilles, ponles aceitito, si las hidratas se ponen bonitas. Acá van unos *tips* para cuidar tus ojos después de los 50:

✕ Ve con tu oftalmólogo una vez al año.

✕ A partir de los 50 se pueden desarrollar cataratas en el cristalino del ojo. Si notas que la brillantez y la intensidad de los colores ha disminuido o sientes que te deslumbras con el sol en forma notoria, debes ir a que te revisen.

✕ Si eres diabética o hipertensa, el chequeo anual es obligatorio. La diabetes es la tercera causa de ceguera irreversible en nuestro país. De ninguna forma lo puedes dejar pasar.

✕ Si fumas o fumaste o estuviste en un ambiente de humo de tabaco durante muchos años, díselo a tu doctor, tienes riesgo de padecer enfermedades de la mácula.

✕ Si hay glaucoma en tu familia, esa enfermedad en la que se pierde la vista periférica, que también es causa de ceguera, debes hacerte revisar los ojos también.

✕ Si de chava te bronceaste sin piedad, puedes tener «carnosidades» en los ojos conocidas como pingüeculas o pterigiones, que pueden ser, además de muy molestas ya que ocasionan ojos rojos e irritación, muy desagradables a la vista.

✕ Siempre que estés en exteriores utiliza lentes solares con protección UV-400 que te protegen de la exposición a la luz ultravioleta. Por favor cómpralos en un local cerrado, y cerciórate de que tengan garantía de protección uv.

Alimentación reparadora

Ufff, querida, ¿cuántas dietas, brebajes mágicos, détox, hemos conocido a lo largo la vida? Cientos, ¿no? Ni los voy a enumerar. La conclusión a la que he llegado es que, en este tema, a cada quien le funcionan distintas fórmulas. En mi caso, en los últimos meses me ha ido bien con el ayuno intermitente, mezclado con keto/paleo, y comer porciones moderadas, que no es más que lo que he hecho siempre; de lunes a viernes no ceno, evito carbohidratos, nada con azúcar, como lo más natural posible, hecho en casa (no conozco a nadie a quien este método no le funcione). Ya el fin de semana como de todo.

Hoy, bajar los cuatro kilos que siento que me sobran o seguir intentando caber en esos pantalones que me negaba a regalar ya no me interesa. Lo que de verdad me parece central es alimentarme bien; que a mi cerebro no le falte combustible, a mi cuerpo energía, ni a mi corazón fuerza para latir. Estar saludable es la máxima prioridad.

Ten presente que nuestro metabolismo ya no anda a mil como antes y que las consecuencias de lo que comamos serán más notorias que hace 10 años, para bien y para mal. Entre los nuevos acuerdos que hacemos con nosotras mismas está (no es negociable) comer sanamente. No abusar del cafecito, eliminar los refrescos (sodas), administrar de las tentaciones, lo cual implica de entrada ¡no llevarlas a la casa! Y ni hablar del café con caramelo y crema batida. *Bye.* No se hagan, tenemos suficiente información. Claro que a veces es contradictoria, pero sabemos lo esencial.

Nathaly Marcus, amiga querida y mi nutrióloga, siempre dice que no se trata de volvernos «pechuga/ lechuga *lovers*»; date tus gustitos, pero observa la alimentación saludable como una inversión impostergable que ayudará a tu buena nutrición, a que funcione bonito tu digestión. Si tratas bien a tu organismo, tu organismo te tratará bien a ti.

Hablemos de suplementos, todos están en los alimentos naturales; aquí van los básicos:

× Probióticos: para fortalecer las defensas del cuerpo. Para la microbiota que mantiene un intestino y cerebro sanos.

× **Omegas 3, 6 y 9:** Indispensables para el cuidado del cerebro, neuronas, piel, memoria, vista.

× Antioxidantes: son un escudo contra el estrés oxidativo, aliado del antienvejecimiento.

× **Vitamina D:** Protege nuestros huesos.

× Complejo B: Combate la anemia, fortalece la salud cardiovascular y ayuda a la memoria.

Decía que mucha información sobre los alimentos es contradictoria, pero lo que es incuestionable y debemos tener en cuenta para llevar una buena alimentación es que el azúcar NO es nuestra amiga. Oxida las células, genera inflamación celular, es promotora de alzhéimer y el alimento favorito del cáncer. Evita el azúcar. Consúmelas en frutas y verduras.

Soy muy fan de llevar mi comida al trabajo, al aeropuerto. Son tantos los beneficios... sé que fue preparada de manera higiénica, qué ingredientes lleva; es bueno para nuestra economía, nos permite administrar mejor el tiempo a la hora de las comidas y no generamos desperdicios. Cómprate un lindo kit de *tuppers* y cubiertos.

Como a mí me encanta dar recetas y cocinar, pero soy simplemente una aspirante a cocinera, les voy a compartir tres de mis superestrellas: sencillas, saludables, rápidas, que estoy segura les van a fascinar.

La sopa más rápida del mundo

Es una sopa que hice cuando no había más que sobras en la casa. Estaba a punto de salirme a comprar algo, pero hice este experimento y me salió muy bien.

Ingredientes:

- Un puño de espinacas, que era lo único que quedaba
- Caldo de pollo en tetrapak (siempre tengo)
- Un chorrito de leche de almendras y opcionalmente un puñito de almendras fileteadas
- Un pedacito de queso de cabra

Preparación:

1. Tuesta un puñito de almendras fileteadas. Reserva ⅓ para decoración.
2. En una licuadora pon las hojas de espinacas y licua con el caldo del pollo, el chorrito de leche de almendras, ⅔ de las almendras tostadas y el queso de cabra.
3. Pon la sopa en una olla a calentar ¡y está lista!
4. Decora con el resto de las almendras fileteadas tostadas.

Ni noodles *ni tallarines*: zoodles

Esta receta es muy rápida y rica. Te va a encantar, la única recomendación es que se prepare y coma de inmediato, de otra manera el pepino seguirá soltando líquido, lo que aguada el platillo y diluye la salsita que es deliciosa.

Ingredientes:

- 1 calabaza verde
- 1 zanahoria grande
- ½ pepino
- 3 cdas. de crema de cacahuate
- 2 cdas. de aceite de ajonjolí
- 1 cda. de vinagre de arroz
- 3 cdas. de salsa de soya
- 1 cda. de azúcar mascabado
- Pimienta al gusto
- Ajonjolí tostado al gusto

Preparación:

1. Primero prepara la salsita.
2. Coloca en un *bowl* la crema de cacahuate, el aceite de ajonjolí, el vinagre de arroz, la salsa de soya y el azúcar. Mezcla hasta incorporar todos los ingredientes. Pruébala.
3. Con un rallador de espiral haz «fideítos» de la calabaza, el pepino y la zanahoria. Colócalos sobre una toalla de papel para absorber líquidos.

4. Dales un último apretón para que suelten toda el agua.
5. Mezcla los *zoodles* con la salsa de cacahuate.
6. ¡Listo! Puedes usar ajonjolí tostado para la decoración.

Galleta de avena a la Glow

Esta es la salvación cuando vas a andar en la calle y no sabes si tendrás tiempo de comer. La pones en tu bolsa y ¡*bye*!

Ingredientes:

· ½ taza de avena orgánica
· ⅓ de taza de leche de coco
· stevia al gusto
· 1 rajita de canela
· esencia de vainilla
· coco rallado

Preparación:

1. En un sartén chico (yo uso ese que es para hacer huevos estrellados individuales) pon un puño de avena a cocer con un chorrito de leche de coco a fuego lento. La leche de coco no debe cubrir la avena. Al ras.
2. Una vez que se empiece a cocinar la avena, se aplica stevia en polvo, la rajita de canela y un

chorrito de esencia de vainilla y mezcla. Deja
que se consuma lentamente la leche de coco.
3. Una vez consumida la leche de coco y tostada la
avena, se voltea, dejando dorar del otro lado ¡y
listo! Rápido y sencillo en menos de 5 minutos.

Aprendo de la vida...
Cecilia Suárez
(Actriz de cine, televisión y teatro)

L a madurez tendría que ser algo que nos ense-
ñaran a abrazar desde niñas, algo a lo que an-
heláramos llegar.

Siendo mujer, se nos exige —de muchas formas—
que no aceptemos ni la madurez ni el envejecimiento, cuando ambas cosas tendrían que ser entendidas
como una bendición y como la innegable y hermosa
evidencia del camino andado y de que ese andar nos
va transformando para bien.

Para mí, la madurez ha traído principalmente
dos cosas: tranquilidad y alegría.

La vida traerá —como siempre— sorpresas de
todo tipo, y con la madurez una va entendiendo
que la vida es multicolor y que parte de la chamba
es tratar de transitarla en paz, así sea con aquellas
experiencias que encontramos bondadosas, como
con aquellas que despiertan nuestro vértigo, aprendiendo de cada momento y volviendo siempre a un
lugar de agradecimiento. Cada experiencia, cada momento, es una oportunidad para entendernos mejor

y, por ende, para disfrutar la vida de una forma más honesta hacia nosotras mismas y hacia los demás.

Es en este sentido que la madurez me ha permitido quererme más, abrazar mi valor, observar desde otro lugar y saber que el cariño que damos nos lo damos también.

Descanso necesario

Protejo mis horas de sueño ferozmente. Siempre digo que dormir bien es la mejor medicina para todo, una necesidad humana, no negociable. Si tú puedes dormir ocho horas, ¡perfecto! Comienza un círculo virtuoso que se extiende a todo el día, en el que vemos el mundo con ojos frescos, funcionamos mejor, y culmina en la cama otra vez. Qué maravilloso regalo es desconectarnos de todo y soñar, desestresarnos, darle chance a nuestras células para que se regeneren, cargar energía y vernos más bonitas.

Debemos cuidar el buen dormir como el tesoro que es. Más aún, defenderlo de la menopausia que lo afecta al alterar nuestros ritmos biológicos. ¡Necesitamos los impactos curativos del sueño! Si estamos *depre*, dormir mal intensifica la sensación de tristeza. La creatividad sufre por la deuda de sueño, perdemos capacidad de concentración y acción. Vivir exhaustos daña la calidad de vida en general.

No hay que resignarnos a ser de las que duermen poco, propongámonos descansar mejor cada día para poder acceder a nuestras actividades físicas con la energía que requieren. Sé que a muchas se nos complica, pero comencemos por intentarlo con ganas de lograrlo. Haz que tu camita sea muy cómoda y la ropa con la que duermes también. Así sea la camiseta de tu novio a los 18. Recuerden, estamos en plan de crear los nuevos hábitos que nos convengan: ocho horas, mínimo siete, para facilitar el acceso a los brazos de Morfeo... Un buen día comienza la noche anterior.

Para la hora del sueño te recomiendo que:

✕ No comas nada hasta dos horas antes de dormir.

✕ Aleja el celular de tu cama y mesita de noche, ponlo en modo avión 30 minutos antes de dormir.

✕ Estira tu cuerpo, limpia la mente. Respira.

✕ Procura oscurecer bien el cuarto. Si no se puede, ponte antifaz.

✕ Date un bañito caliente si puedes.

✕ Que tu cama huela rico, o tú o los dos.

✕ Piensa en algo bonito. Buenas noches.

Usa tu cama solo para dos actividades. Dormir y tener sexo. Amanecerás más hermosa.

Maquillaje

Cuando nos vamos haciendo mayores, hay que volver al origen. ¿A qué me refiero? A que nuestro arreglo sea lo más natural posible. Sacándole provecho a nuestros atributos para crear un *look* natural con la materia prima que tenemos.

Vamos a mirarnos al espejo, ¿por dónde empezamos? Por lo más sencillo, el maquillaje. Revisemos si estamos usando los tonos y productos adecuados, ¿nos favorecen? O qué tal cuando nos seguimos arreglando como lo hacíamos a los veintitantos y ya no estamos así; podemos incluso estar mejor, pero igual, no estamos. Les cuento algo: antes me hacía en los ojos una raya como de gatito, pero hoy, si me pongo esa rayita, se atora en una arruguita, así que no insistí más. Mis ojitos ya no terminan p'arriba sino p'abajo. A eso me refiero, a ir adecuando nuestro arreglo a lo que hoy nos funciona. No forzar un *look*. Trata de que tu rutina de arreglo dé como resultado lo más cercano a tu versión original.

Usemos una base de maquillaje ligera e hidratante; mientras más cargado, será menos favorecedor y más delatador del estado de nuestra piel. Alejémonos de los polvos, un poco de brillo en la cara es sinónimo de piel sana. Usemos tonos más naturales que hagan contraste y *contouring* donde lo buscamos, pero no «dibujarnos» una cara. Probemos colores más suaves, chapitas más naturales. Como dice mi amigo maquillista Ger Parra: «*Natural* es la palabra clave».

Usar una crema o protector solar con color para emparejar el tono de la cara, corrector en la ojera, ceja definida, colorcito en el pómulo, labios definidos y humectados, rímel y listo. Eso es perfecto para un día cualquiera. Nunca hemos visto a Rania de Jordania o Carolina de Mónaco con maquillaje muy cargado, ¿verdad? Con respecto a la edad, menos es más.

Tips infalibles para maquillar una piel madura:

× Usar una base líquida para mejor hidratación.

× Las correcciones muy marcadas no son recomendables. Igual el delineador. Líneas suaves y difuminadas.

× Usar poca cantidad de producto porque se acumula en las líneas de expresión. Especialmente los polvos.

× Usar tonos mate para no enfatizar las arrugas.

× Usar *primer* en el párpado, antes de las sombras. Que estas sean mate o el ojo se puede ver «papujo».

× Alejar los bellos iluminadores de las zonas donde existan arrugas, porque con la luz se ven más de las que hay.

× Hay que usar rubor, para que la cara se vea saludable. En crema es mejor. Opta por tonos más rosa/coral.

× Evitar el *gloss* en labios maduros porque tiende a «sangrar» por las grietitas.

Para completar este tema,
te invito a que **escanees** este código.
Es material exclusivo para ti.

Cirugías estéticas y otras opciones

Una de las frases despectivas que escuchamos para referirse a mujeres maduras es: «¡Uy, está toda operada!». Decidirse por una cirugía correctiva es un asunto muy personal. Me refiero a un *face lift*, a hacerse los ojos, la nariz, una liposucción, relleno de glúteos, etc. Centrándonos en nuestra generación, hay quienes sienten que su cara no refleja su juventud interior, o no se parece al resto de su físico, o que se ven muy cansadas y eligen esa alternativa; una cirugía correctiva. En todos los casos, de verdad, primero hay que buscar a un profesional certificado, que pueda orientarte con ética y detectar cuando las expectativas son irreales o quizá no son apropiadas a las proporciones o características de la paciente.

Los médicos cirujanos plásticos son un poco psicólogos, tienen que poder leer a los pacientes cuando los consultan y así detectar cualquier síntoma de que los motivos de la cirugía sean simplemente para verse mejor o arreglar un desperfecto. Como dice el doctor Andrés Bello: Un «arreglito» tiene que ser algo que hemos evaluado y que hacemos por gusto, nunca es el remedio para un problema emocional o incluso sentimental.

Se contraindica un procedimiento estético de este tipo cuando la paciente lo hace pensando en que, si se hace equis cosa, podrá recuperar al marido, o cuando busca parecerse a alguien más. Un buen médico recomendará que lo que te hagas resalte tus características propias. Y además que no se vea falso, y se note lo menos posible. En serio. Que te veas mejor, más linda, menos cansada, más guapa, pero que no sepan qué te hiciste.

Cada día, más y mejores técnicas están a nuestro servicio. En lo personal, no quiero operarme la cara. Me parece algo extremo y que no tiene reversa. Y como tampoco quiero que la gravedad haga con mi cara lo que le dé la gana hasta que a mí se me dé la gana, siempre estoy investigando, buscando alternativas al cuchillo; técnicas, aparatología, etc., para mantenerme luciendo lo mejor posible y seguir pareciéndome a la de la foto. Para mí eso de envejecer dignamente no quiere decir dejarte ir.

Les voy a poner una lista de alternativas eficaces, no tan invasivas, ni tan costosas ni tan arriesgadas. Encontrar a un buen profesional que las practique es nuestra responsabilidad.

¿Botox?

Botox, me urge empezar haciendo la aclaración de ¿para qué se usa el botox en medicina cosmética? Es el procedimiento más solicitado en los consultorios de dermatólogos y cirujanos. Un producto que inhabilita el movimiento de los músculos en la zona en que se aplica. NO da volumen. Es para evitar que hagamos ciertos gestos que crean arrugas, como en las patas de gallo o la frente. Ayuda a tensar el cuello. Tiene más usos, pero estos son los más frecuentes en cosmética.

Si la cara ya se te «cayó», el botox no es el remedio. Por eso quiero establecer qué es y para qué sirve. El botox, o toxina botulínica, sirve para suavizar líneas de expresión, pero no rellena huecos, ni levanta músculo, ni agrega volumen. Su resultado es casi inmediato y dura un promedio de cuatro a seis meses. No conlleva periodos de recuperación. Yo me puse botox la primera vez como a los 37 años porque mi ceño fruncido estaba marcando una línea gigantesca en mi cara, pero sobre todo me daba un aspecto de mujer enojada con la vida. Y no.

Rellenos

Como su nombre lo indica, compensan la pérdida de volumen en la cara, pero en general se usan para rellenar surcos y emparejar la superficie de la piel, mejorando la apariencia. Mal colocados o en exceso pueden quedarte pómulos de Jessica Rabbit o labios de Memín Pinguin.

Por eso el tema con estos procedimientos tan útiles es elegir bien quién te los aplica. Asegúrate siempre de hacer la tarea antes de dejar que te hagan algo en la cara, o en donde sea. Ya nos sabemos las consecuencias que hay en caso de ponerse en manos de algún rufián(a) que solo con ponerse una bata blanca y tomar una jeringa se ostenta como profesional. Y además, «que quien te atienda sea alguien que se actualiza continuamente». Eso recomienda mi dermatóloga amada, Olga Labastida.

Se ponen rellenos en pómulos, el gordito de las cejas, la línea de la mandíbula, las arruguitas de los labios (códigos de barras), los labios, la barbilla, las manos, las pompas y más. Cuando te lo aplicas, te puedes ir del consultorio a tu evento. Efecto inmediato.

Lo que se usa mucho hoy día son los rellenos con ácido hialurónico y la aplicación de bioestimulantes como el ácido poliláctico. Estos procedimientos son muy populares por su resultado inmediato o en poco tiempo y porque no conllevan periodos de recuperación. Los rellenos con ácido hialurónico han pasado por cambios muy importantes: primero los materiales, que han avanzado y ahora hay muchas variedades, algunos muy moldeables u otros más duros según el área en que se van a aplicar, pero se adaptan mejor y no se ve dónde se colocaron, se integran muy bien. Después la técnica, que ahora se hace de manera tal que, además de rellenar, tiene la función de dar más estructura o sostén al rostro. Incluso se han desarrollado algunos sistemas con códigos de aplicación para cada región anatómica.

Las pacientes, cada vez más, buscamos tratamientos poco invasivos, que no impliquen anestesia general, ni una recuperación complicada. Aparte de los rellenos hay otros métodos cosméticos que sobresalen, como:

✕ La aplicación de hilos de sustentación reabsorbibles. Los que mejores resultados dan son los producidos con ácido poliláctico y que tienen unos conos que se anclan.

× El tratamiento con ácido desoxicólico, que consiste en aplicar este producto en las acumulaciones de grasa. El sitio más común de aplicación es en la papada.

× La radiofrecuencia ha desarrollado nuevos aparatos que permiten calentar la piel y los tejidos más profundos con seguridad, y se obtienen buenos resultados.

× El láser de dióxido de carbono es la mejor opción que existe para revertir el daño solar importante, con mejoría simultánea de arrugas finas y flacidez.

× También se han desarrollado tecnologías para criolipolisis, con las cuales se logran quemar los adipocitos con temperaturas muy bajas, logrando reducir gorditos localizados en el cuerpo y la papada.

Para completar este tema,
te invito a que **escanees** este código.
Es material exclusivo para ti.

Micropigmentación, microblading

Cuando yo era chica y veía a mis primas arreglarse para salir con sus novios, yo babeada porque me urgía tener su edad. Me acuerdo que se dibujaban las cejas con un lápiz porque son rubias. Me explicaron que lo hacían porque sin ceja uno se ve «chistoso». Es que las cejas son el marco de la cara y un signo de juventud. Así de importantes son. ¡Qué pecado, pensar con qué afán las depilábamos cuando éramos adolescentes! Dan ganas de quemar las fotos de los setenta. Pues es que se usaban delgaditas. Por fortuna las mías volvieron a salir, pero no soy de ceja muy poblada como mi hermana Gaby, que tiene unas hermosas. Así que estoy muy feliz desde que apareció el *microblading*, micropigmentación en cejas, que NO es lo mismo que tatuaje. Es otra técnica y otro el resultado. Uno llega a su cita y una experta —a mí me las hace Ale, mi multifacética productora— diseña la ceja perfecta para tu cara basada en la forma de tu óvalo facial y ojos, tomando en cuenta el nacimiento natural de tu ceja. Luego aplica anestesia local en crema y procede a rellenar ese espacio con esta técnica en la que dibuja pelo por pelo; se ve lindo y muy natural. Da frescura a la cara. En los siguientes días tras el procedimiento, que dura un par de horas, se va a ir revelando la nueva ceja, cuando se caigan las costritas que dejan las agujas con las que se deposita el pigmento.

«¿Por qué la tortura?», dirán; es que vemos a las señoras mayores y díganme si tienen cejas. No, ¿verdad? El pelo de la ceja se va adelgazando y esta es una gran manera de compensar. El *microblading* es una técnica de maquillaje temporal. Se retoca cada seis u ocho meses, de manera que, si algo no te gustó, no pasa nada. Nuevamente, hay que encontrar a alguien bien capacitado que emplee materiales de muy buena calidad, porque el pigmento debe ser del bueno y elegir el tono adecuado. Duele un poquito, pero nos aguantamos.

Baby lips

Es básicamente la misma técnica que la de las cejas. Otra vez, comparándolo con el tatuaje, este procedimiento da un resultado temporal pero muy natural en los labios. Me explica Janeth Gómez, pionera del *microblanding* en México que, a diferencia de como se hace en las cejas, los labios se pigmentan con un dermógrafo, una máquina bastante sofisticada que penetra más y por eso los *baby lips* duran más que las cejas. No es un delineado, se aplica en toda la superficie de los labios, tras haber definido los contornos previamente. Hasta te pueden dar un poco más de volumen haciendo trampita y delineando «afuera de la raya».

Traer los labios con colorcito facilita mucho el arreglo diario. Otra gran ventaja de los *baby lips* es que duran años, no meses. Me dijeron que los míos durarán unos tres o cuatro usando el pigmento correcto. Se sugiere usar tonos suaves y naturales. Nuestros labios van perdiendo carnosidad y color. Con esta técnica han revivido. El procedimiento es un poco molesto, pero súper tolerable. En el afán de andar lo más natural posible, me pongo tantita chapa, aretes, perfume y ya estás del otro lado (ya tenemos cejas también).

Implantes de seno

El otro día vi lo siguiente en una playa: una señora a quien le calculé unos 75 años, muy guapetona, delgada, con unos implantes que calculo copa D. ¿Cómo sé que eran implantes? Digamos que había un contraste notable entre el resto de su cuerpo y sus grandes y bien colocadas bubis. El otro día, una amiga me dijo que quiere sustituir sus implantes talla C por unos talla B; me acordé de esta señora y entendí perfecto por qué. Es algo que nunca había pensado; a cierta edad, tener unas bubis de *playmate* resulta hasta incómodo.

Le llamé a mi querido doctor Andrés Bello para cuestionarlo sobre este tema y me dijo que, en efecto, es algo común que las mujeres a cierta edad elijan deshacerse de esos implantes para volver a una talla más acorde con su momento de vida. Es que el tejido cae, el cuerpo cambia, y por ello buscan la reducción de senos. Esos implantes pueden cambiarlos por unos más chicos y reposicionar el pezón, retirando el tejido excedente. De esa manera todo queda más chiquito pero bien acomodadito. Me dijo también el doctor que la tendencia estética ahora gravita hacia lo esbelto, tipo europeo; como quien dice, menos chichi es lo de hoy.

La edad de la ropa

A estas alturas del partido tenemos una personalidad arrolladora y definida, ¿a poco no? Es que estamos viviendo nuestro mejor momento, gozamos de una sana autoestima y nos queremos un montón. Nuestra manera de vestir expresa todo eso. Nos queremos ver lindas, atractivas, presentables, y no estamos dispuestas a disfrazarnos de nada, sino a sentirnos bien, vernos como queremos, estando cómodas.

Teniendo nuestro propio estilo, no son tantas las prendas que necesitamos, vamos a deshacernos de lo que no corresponda a nuestro *look*. ¿Quieres que le echemos una revisada al clóset? Pensemos en qué estamos listas para donar, regalar, transformar... Yo tenía algunos vestidos que ya me resultaban muy cortitos y los convertí en blusones. Me despedí de las minifaldas, que siempre me parecieron muy incómodas (no uso nada que vaya arriba de la rodilla). No me gusta la ropa sin mangas, así que mucha de esa tiene ya una nueva dueña.

El estilo de cada quien es algo muy personal, pero si me preguntan, tengo una opinión: lo que tapa ayuda. No es que haya algo que ocultar, ni me refiero a escondernos bajo metros y metros de tela, pero sí a elegir prendas que, además de quedarnos bien y gustarnos mucho, cubran discretamente las partes que no nos encantan.

Los estilistas más reconocidos, como Aldo Rendón, coinciden en que el clóset de una mujer madura debe tener menos piezas, pero mejor seleccionadas. Que prevalezca la calidad sobre la cantidad. Estoy totalmente de acuerdo.

Que ejerzamos la objetividad a todo lo que da al momento de comprar. ¿Realmente esta prenda me favorece? ¿Es una buena adquisición? ¿Le daré uso? Comprar para un solo evento ya no es *cool*. Que no falte un buen traje sastre que nos quede «como pintado», es más, a ese le sacaremos tal provecho que estaría bueno de plano ir con un sastre que lo haga a la medida para que te quede divino. Y así puedes elegir si es con falda o el corte de pantalón que más te favorezca, copiado de tu pantalón favorito, todas tenemos uno, con el que nos vemos *wow*.

Indispensable hasta para las más jóvenes es tener siempre prendas moldeadoras (*spanx*). Son una verdadera maravilla y hay para todas las necesidades. Hacen que una prenda luzca más, que la tela caiga más bonito, sostienen, contienen. La variedad de modelos para todas las necesidades es increíble; para arriba, para abajo, ¡para todo! Hay de muchos precios y marcas, y son grandes aliadas de los *looks*. La manera de vestir de una mujer madura puede ser tan *fashion* y *cool* como la de cualquiera, así que a ponernos muy listas para editar nuestro clóset y tener en él solo lo que nos hace ver muy bien y nos da felicidad.

Yo amo las faldas abajo de la rodilla y no por eso creo que me visto como Josefa Ortiz de Domínguez. Son mi pieza clave. No me gusta usar tops o vestidos sin mangas porque el gordito del brasier no me parece nada sexy y mis brazos no son mi parte favorita. En cambio amo las mangas, creo que son parte de mi estilo. Me encantan los *jumpsuits* y los conjuntos. Uso pocos estampados. Me fijo muchísimo en la textura de las telas, en la confección y nunca compro algo que no piense que se me ve bien, por más que esté en supertendencia o baratísimo o me lo quiera ensartar la señorita vendedora. No hay manera.

Que cada quien se vista como quiera. Es parte de la diversión. Pero, según los estilistas, las mujeres maduras deben evitar:

× Vestirse como chavitas. No hay necesidad, existe lo clásico/moderno

× Enseñar el cuerpo para llamar la atención. Somos interesantes, no lo necesitamos.

× Aunque tengan cuerpazo, no andar embarradas. Menos si son *jeans* blancos de corte ajustado.

× Usar prendas ceñidas al cuerpo si eres robusta, eso enfatiza los rollitos. Holgadita te ves más bonita.

× *Bye* a las minifaldas y shortcitos.

× Los *leggings no* son pantalones.

También están las piezas indispensables. Lisette Trepaud —una amiga a quien admiro por muchas razones, entre ellas por su buen gusto y elegancia total— y yo conversamos acerca de las piezas básicas que hay que tener:

× Blusas clásicas. ¿Han visto una foto de Carolina Herrera? Casi siempre lleva una camisa blanca de algodón, de botones. Algo sabe esa mujer sobre lo que nos favorece, ¿no? Femenina, actual y clásica a la vez. También busquemos blusas de cuello redondo que ayudan a ocultar las arrugas del cuello y del escote. Ten una negra, una beige.

× **Faldas.** Línea A, que esconde la cadera; corte lápiz, que luce mucho con algo que llegue a la cadera;

plisadas, que se usan mucho hoy, pero que son clásicas.

× Pantalones. Cada día los usamos más. Tenlos en negro, gris, azul marino, oscuros son mejor; okey, un beige. Elige un corte holgado y te va a estilizar más. Para casi cualquier evento, con un pantalón, una camisa y un *blazer* te vas a ver perfecta. Los *jeans* son divinos, pero evita los rotos o con demasiados bordados o apliques. Nada como unos *jeans* clásicos.

× **Vestidos camiseros.** Cómodos, lindos, frescos. Son muy favorecedores. Busca que tengan escote en V y que no vayan más cortos que a la altura de la rodilla.

× Accesorios. Un collar de perlas y aretes. Las perlas siempre funcionan, pero ahora están de vuelta como tendencia y van perfecto de día o de noche. Pañoletas, bufandas. Unos buenos lentes de sol.

× **Imprescindibles.** Ten un buen abrigo, negro o color camello. Una camisa de mezclilla, maxivestidos, camisetas blancas, suéteres en colores básicos. Una chamarra de cuero y una de mezclilla. Unos tenis lindos. Zapatos y sandalias en colores básicos. Un par de botas buenas (no las de peluche) y los sombreros están muy de moda. Ante la duda, usa negro y todo se balancea. Ya no se usa el zapato y la bolsa del mismo color.

Hay que tener un espejo de cuerpo completo en un lugar con buena luz. Así sea en el pasillo. Pruébate la ropa haciendo el *outfit* completo y, si tienes dudas de cómo se te ve algo, toma foto con el celular desde todos los ángulos. Si no te favorece, no lo uses, ni lo guardes. Y sobre todo, sé objetiva.

Debemos ser creativas, curiosas, y encontrar las opciones que nos convengan. Hemos trabajado mucho en cambiar nuestros pensamientos criticones hacia nosotras mismas. Mirémonos bellas. Cualquiera que se lo proponga, sin importar complexión, talla y presupuesto, puede ser elegante y glamorosa. Vamos.

¿Y qué es envejecer dignamente? «Ay, Gloria, lo que pasa es que tú no estás dispuesta a envejecer dignamente». Eso me escribieron el otro día a raíz de alguna cosita que me hice (siempre comparto todo en mi canal de YouTube). Entonces dije: «¡Momentito!, ¿envejecer dignamente quiere decir dejarte crecer las patas de gallo, las lonjas y las canas?». Si a mí no me gusta, ¿por qué? No es mi manera de ver las cosas. Para mí envejecer dignamente es: «Me quiero seguir viendo linda para mí, para Carlos, y quiero sentirme atractiva asumiendo mi edad, pero no me quiero dejar caer la cara porque no me da la gana; para mí eso es verme digna.

Son distintas interpretaciones. Todas respetables.

Habrá quien elija ocultar las canas con tinte. Habrá quien no quiera ni siquiera saber de las opciones en cosmética. Habrá quien prefiera hacerse todo. Yo en este libro les cuento lo que va conmigo y me funciona. Todo lo que aquí lees lo he conversado con especialistas en cada una de las áreas.

Enfrentando a las hormonas

Si ya sabes que algo va a pasar, que es seguro, ¿no es mejor estar preparada para ello? La menopausia va a llegar y cómo vivirla depende de la información que tengamos y las medidas que tomemos. Somos organismos fundamentalmente hormonales, de manera que cuando algunas de estas hormonas sufren alteración, el funcionamiento de nuestro cuerpo se altera también. Los antecedentes médicos en mi familia me incitaron a interesarme en entender mucho más sobre el tema. Para este punto cuento con la ayuda de mi amado ginecólogo, Joaquín González Bracamontes, a quien siempre le he pedido que me explique de la manera más sencilla posible todo este proceso y, a sugerencia suya, presentamos un glosario para entender mejor qué es qué, y viene una explicación muy detallada y a la vez sencilla de lo que le pasa a nuestro cuerpo, que no es cosa menor.

× **Glándula:** Órgano que se encarga de elaborar y segregar algunas sustancias, llamadas hormonas, necesarias para el funcionamiento del organismo.

× **Hormona:** Sustancia química producida por un órgano, cuya función es regular el funcionamiento de un tejido determinado.

× **Hipófisis:** Glándula que se encuentra en la base del cráneo encargada de producir múltiples hormonas.

✕ Ovario: Glándula sexual femenina que produce las hormonas sexuales y los óvulos.

✕ Folículo ovárico: Saco pequeño que contiene al óvulo y que se encuentra en el ovario.

✕ Óvulo: Célula reproductora femenina.

✕ Gonadotrofinas: Hormonas que se producen en la hipófisis y que hacen funcionar al ovario. Estas son: hormona foliculoestimulante (HFE) y hormona luteinizante (HL).

✕ Hormonas sexuales femeninas: Hormonas producidas por el ovario. Estradiol y progesterona.

✕ Menopausia: Desaparición de la menstruación, de por lo menos un año, secundaria a la falta de producción de hormonas sexuales.

✕ Climaterio: Periodo de la vida de la mujer en la que se presenta una serie de síntomas, secundarios a la falta de la producción de hormonas por parte del ovario.

Así pues, la variación en la producción de las hormonas trae como consecuencia de cierto funcionamiento de nuestro cuerpo. Por ejemplo, cuando falla la insulina, se produce la diabetes. Si falta la hormona tiroidea, nuestro metabolismo general se altera y ocurren efectos como pensamiento lento, tendencia al frío, estreñimiento, aumento de peso, en fin, la vida en general cambia. Con las hormonas femeninas ocurre lo mismo.

Las hormonas femeninas son básicamente dos, estradiol y progesterona, las cuales se producen en el ovario. El estradiol se produce fundamentalmente en la primera fase del ciclo menstrual, es decir, en los primeros 13 días (contando como día 1 el primer día de la regla), mientras que la progesterona se produce como resultado de la ovulación y su presencia se da en la segunda fase, es decir del día 14 al 28.

El funcionamiento del ovario a su vez depende de otras dos hormonas que se producen en la hipófisis, que son: la hormona foliculoestimulante (HFE) y la hormona luteinizante (HL). La primera es la encargada de hacer que los folículos ováricos crezcan y produzcan estradiol.

La hormona luteinizante es la encargada de hacer que el folículo maduro ovule, y que después de la ovulación este sitio se convierta en algo llamado cuerpo amarillo e inicie la producción de progesterona.

El ovario tiene una vida media, pero llega el momento en que deja de funcionar, esto ocurre alrededor de los 45 a 55 años, y entonces deja de producir estradiol y progesterona. La disminución de estas hormonas es la causa de los síntomas de envejecimiento que se presentan en el climaterio: bochornos, cambios de carácter, sequedad vaginal y generalizada de la piel, disminución del apetito sexual, insomnio, dolores articulares, aumento de la grasa corporal (de predominio en la parte media del cuerpo) y otras alteraciones mayores que no se perciben, como osteoporosis y riesgo de padecer la enfermedad de Alzheimer.

¿Qué hacer para que la falta de hormonas no influya en el estado de ánimo? La respuesta es muy sencilla, reponerlas; lo que se conoce como terapia de reemplazo hormonal.

Sin embargo existen otras instancias que ayudan a adaptarse a esta etapa, incluso cuando la terapia de reemplazo está contraindicada:

✕ Ejercicio
✕ **Terapia ocupacional**
✕ Mantener el peso
✕ **Mantener la actividad sexual**
✕ Evitar el tabaquismo
✕ **Suplementación de elementos como calcio y vitamina D**

Sexo en la etapa del climaterio

Debemos recordar que el órgano sexual más importante, en cualquier etapa de la vida, es el cerebro y en el climaterio (el periodo previo a la menopausia) no es la excepción. Por lo tanto, mantenerlo activo es una de las mejores acciones que podemos tomar. Así que a poner la mente a trabajar en escenarios sexys para estar en el *mood*.

La práctica del ejercicio ha demostrado que permite nueva producción de neuronas y esto, a su vez, mejora el desempeño general de nuestro cuerpo y por ende la esfera sexual. Mantenernos atractivas para nosotras mismas es fundamental; eleva la autoestima y nos pone flojitas y cooperando. En contraste, cualquier pensamiento que atente contra ella disminuye la libido, es decir, si no nos gustamos nosotras mismas, ¿podremos gustarle a alguien más? Difícilmente.

Es un mito que el sexo
es solo para jóvenes, ni lo pensemos.

Recurrir a las fantasías es fundamental, pues permite crear una atmósfera propicia para el encuentro sexual.

La utilización de terapia de reemplazo hormonal mejora el deseo sexual, la lubricación vaginal, fortalece los músculos perineales, fundamentales para la actividad sexual. ¡Vivaaa!

Rompamos con prejuicios e ideas preconcebidas y abrámonos a nuevos roles, los que cada quien elija. Porque han de saber que la liberación de endorfinas que se produce con el orgasmo es una innegable fuente de salud, pues mejora el desempeño cardiaco, disminuye la posibilidad de depresión, mejora la autoestima. Por cierto, también cuentan los orgasmos en solitario.

¿Qué debemos saber en esta etapa de la vida? Lo primero es estar convencida de que la vida no acaba con la llegada de la menopausia, incluso este momento se convierte en una oportunidad de crecimiento al ser una etapa de transición. Coincide generalmente con que los hijos ya no son el centro de atención y ahora podemos ser nosotras las protagonistas de nuestra propia película.

Hay que saber que los síntomas se pueden evitar, pero que, incluso si no los hubiera, existen circunstancias como la osteoporosis y el alzhéimer que se deben prevenir llevando una supervisión médica adecuada. Lo que no se haga en esta etapa, costará más trabajo más adelante y posiblemente no haya marcha atrás.

Es necesario mantener una buena nutrición y control de las posibles enfermedades que se presenten, como pudiera ser la diabetes, hipertensión, etcétera.

No olvidar que el cáncer de mama y de ovario, así como el de colon, son más frecuentes en esta etapa, y por lo tanto la vigilancia y prevención permitirán disfrutar de una mejor salud. Seamos cumplidas en las citas anuales para que nos practiquen la mastrografía, el ultrasonido, la colonoscopía.

El mantenimiento de un peso adecuado será vital para este momento y el futuro, pues la obesidad representa mayores riesgos de enfermedades como cáncer y diabetes, ufff. Obvio, evitar hábitos dañinos como el tabaquismo y el exceso de alcohol, lo que redundará en mejores condiciones de vida.

Sabemos que la meno trae consigo problemas para dormir, sequedad vaginal, te dan unos calores espantosos, subida de peso y metabolismo lento, entre otras monadas. Es lo que es. Yo, desde muy chica, escuchaba esas frases despectivas sobre la menopausia; mejor dicho, sobre las mujeres en etapa de la menopausia, y decidí que no sería esa persona insoportable a la que describían. Qué injusta etiqueta nos colocan y seguro que mucho de ello es por falta de conocimiento. ¿Te digo algo? Le pedí a Carlos que leyera sobre el tema para poder comprenderme mejor, y él amorosamente accedió. Simultáneamente, cuando fui aprendiendo del tema, entendí que en mi caso, además, tenía que poner atención extra al tema de las hormonas porque en mi familia ha existido una incidencia de cáncer. Muy de la mano de mi ginecólogo he tratado de ser muy responsable de los tratamientos que uso para sustitución de hormonas. Después de estudiar mis análisis de varios años, evaluar todo mi historial clínico y mis antecedentes genéticos, elegimos el tratamiento que a juicio de los dos me conviene. Hay quienes prefieren no llevar ninguno o está contraindicado. Este tema es polémico.

No es mi lugar dar recomendaciones sobre tratamientos; lo que es bueno para mí, no necesariamente lo es para ti. Pero la ciencia está de nuestro lado. Así que, de la mano de tu doctor, hazte análisis anualmente, nunca falles con el papanicolau (uno se acostumbra), ni con la mastografía, y si se puede, hazte también ultrasonidos para estar con el alma tranquila. Siento que con esas acciones precautorias uno puede tomar decisiones informadas.

Acá van unas recomendaciones útiles:

× Elegir un ginecólogo en el que confíes, que sea un profesional que se actualiza con regularidad. Tener muy bien documentado tu proceso hormonal y tus antecedentes familiares.

× Saber cuáles son las preguntas que tengo que hacerle a mi ginecólogo en función de las hormonas. Y si te quedas con dudas, seguir preguntando.

× Llevar un registro de tus periodos y sus características.

× Hacer ejercicio. Terminemos con el sedentarismo.

× Tomar agua a lo largo del día hasta llegar a dos litros. Acompañar el proceso con una alimentación adecuada.

× Aumentar el consumo de proteínas.

× Consumir calcio para contrarrestar la pérdida de hueso. Vitamina D: 10, 15 minutitos diarios al sol, con protección solar.

× Consumir antioxidantes.

× Evitar las grasas saturadas.

× Reducir el consumo de sal, café, alcohol y eliminar el cigarrito.

× En pocas palabras, comer comida natural; muchos vegetales, y si no eres vegana, pescado, huevo, carne magra.

La menopausia no es tan mala como la pintan, la mejor manera de convivir con ella es con información y disciplina, y lo que recomiende el médico; es un buen momento para consultar a un licenciado en nutrición.

Y una opinión personal: la menopausia no es un tabú, pero creo que los achaques de cada quien son suyos y no le incumben a nadie más, ¿no crees?

Aprendo de la vida...
Gina Diez Barroso
(Una de las empresarias más destacadas
de México y conferencista)

Vivir con propósito

Estoy feliz, satisfecha y plena con mi vida. Especialmente desde que, con la madurez que me ha dado la edad, encontré mi propósito. Me di cuenta de que es muy diferente estar feliz a estar plena y satisfecha. Esto solamente se consigue encontrando el propósito de tu vida y sabiendo para qué has venido a este mundo. La vida es incierta, nada se sabe. De lo único que estamos seguros es que en algún momento dejaremos de estar aquí. Ese día, en ese momento y en ese segundo, estoy segura de que nadie se arrepentirá de haber faltado a una de tantas juntas, de no haber contestado los últimos correos, o incluso de no haber ganado una gran cantidad de dinero. De lo que sí podemos arrepentirnos es de no haber estado más tiempo con nuestros seres queridos, de no haber hecho algo para que este mundo sea más equitativo y que los seres humanos lo cuidemos mejor.

Yo pensaba que había que cambiar el mundo, que había que hacer uno mejor. Pero la verdad es que el mundo es perfecto, lo que debemos cambiar es el comportamiento de los seres humanos, que muchas veces destruimos todo a nuestro paso. Yo sé que aunque me gustaría vivir muchos años, cuando llegue ese último segundo de vivir en la Tierra, voy a estar satisfecha y tranquila porque encontré mi propósito e hice lo que tenía que hacer para lograrlo.

CAPÍTULO 4

No te conviertes en calabaza

Todavía eres productiva, independiente y feliz

«Soy una persona productiva… y siempre lo seré», es una declaración que me hice desde que era muy jovencita. Esa sí me funciona, me gusta, la conservo y la aplico. Disfruto estar en constante actividad y creo que eso trae a mi vida alegría y propósito.

Lo mismo es posible para ti, no importa si nunca fuiste empleada, si no terminaste una carrera o ejerciste un oficio, si te dedicaste a tu familia o si no has vivido en pareja y te has entregado a chambear, o cualquiera de los posibles esquemas. Ser productivas es una característica de la adulta contemporánea actual, así sea que no necesites ganar dinero y lo hagas por gusto, o te dediques a un voluntariado; acción.

El mensaje aquí es: si quieres ser una persona productiva, tu edad no es un impedimento para tener un trabajo o crearte uno. Aquel en el que te sientas realizada, que apliques tu potencial, que participes, crezcas, aprendas, enseñes.

Es cierto que en algunas industrias hay reglas donde nos *pelusean* a los que tenemos más de 50, es más, desde los 40. Pero hay muchas otras opciones. Las preguntas que debes hacerte son más del tipo

¿En qué actividad me puedo seguir preparando, que me guste hacer, que se me facilite, que tenga cierto talento, habilidad, aptitud, que contribuya a mi autonomía, a sostenerme, a entretenerme o que pueda complementar el posible ingreso que tenga por otro lado? Tal cual, ¿cómo puedo generarme una entrada económica, un autoempleo?

Sugiero capacitarnos, nunca parar de aprender, actualizar nuestros conocimientos, inscribirnos a un diplomado, tomar cursos en línea. Reactivar una habilidad olvidada que hoy se puede convertir en una fuente de ingresos. Conozco a muchas mujeres que por necesidad han tenido que dedicarse a actividades laborales que nunca imaginaron, ¿por qué nosotras no nos preparamos con tiempo para algo así? Por mantenernos ocupadas en algo que nos sale bien y nos gusta, que nos mantenga en contacto con otras personas, nos incluya en distintos entornos, que sea incluso un desafío.

Mi trabajo siempre dependió de que me contrataran. Para conducir eventos, programas, etc. Estaba muy consciente de ello, lo observaba desde el temor y no hice nada para cambiar ese esquema hasta que años después, tras haber superado mis miedos paralizantes y mandarlos a la fregada, decidí emprender mi independencia, desarrollar nuevas habilidades e inaugurarme como jefa del changarro, en donde pudiera aplicar mi experiencia, escuchar mis instintos y crear algo a la medida de mi momento actual. Así abrí mi canal de YouTube; terreno totalmente desconocido (lo digital), lo cual implica aprender cosas que a veces me cuesta mucho asimilar. Y también tengo un plan B: a la par me estoy certificando como *coach*, y lo hago justamente *online* en el Instituto MMK de Alejandra Llamas. El día que me den ganas, pongo un letrero en mis redes sociales: «Estoy dando *coaching* via Skype», y me podría dedicar a eso por años y años. Me hace ilusión este proyecto. Un modo de vida en el que ni siquiera tendría que salir de mi casa y que, por cierto, eso no lo puede hacer una máquina.

He decidido crearme opciones. El plan del que hablo no nace de la preocupación (porque también decidí no preocuparme por nada), lo ideal es establecer este tipo de proyectos desde la claridad; en certeza, en amor, en abundancia.

Nuestros proyectos se tienen que originar en la creatividad, lo propositivo. Si salen del miedo y del «qué voy a hacer después...», no funcionan. Colócate en declaraciones como «Me actualizo, me preparo cada día y no hay lugar para limitaciones. Declaro ser una persona útil para mí, para la sociedad, en mi entorno. Construyo todos los puentes necesarios, establezco vínculos, coloco los soportes, las estructuras».

Ser una persona productiva
es también sinónimo de salud.

¿Coincides con estos pensamientos? De ser así, te aseguro que estás en creación y no en carencia. Cuando se está en lo segundo, hay miedo, preocupaciones, tristeza: ¡cambiemos el diálogo interno! Así te reubicarás en un lugar maravilloso, de curiosidad, de proyectar mil escenarios distintos; revisarás cuál te conviene más, cuál te late, dónde puedes ganar más dinero. Se abren para ti todas las posibilidades. Incluso rompiendo esquemas, pero es glorioso poder definir tu camino para llegar al objetivo.

Diseño mi vida laboral

Las mujeres somos muy entregadas y comprometidas, lo laboral no es una excepción. Hoy que nos hemos colocado en un lugar de igualdad y respeto que siempre nos correspondió, considero oportuno analizar cómo nos sentimos en nuestro trabajo, lo que sea a lo que nos dediquemos. Preguntémonos si estamos bien donde estamos trabajando, empleando nuestro potencial, aportando; o por el contrario, quizá ya no queremos salir tan noche del trabajo, el trayecto nos resulta pesado o tenemos un jefe incómodo.

Hay costos que ya no estamos dispuestas a pagar. Estar donde no queremos no nos interesa.

¿Te quieres ir de donde te encuentras? Perfecto. Analiza qué dejas ir, pero te garantizo que es mucho más fácil tomar medidas en esta etapa de la vida que en cualquier otra, es cuestión de liberarnos de las dependencias y considerar las alternativas que nunca antes nos planteamos, abriendo todo el panorama.

A lo mejor dices «Me quiero cambiar de trabajo, o de área», lo que sea, y es solo por estrategia. Ya tienes muchos elementos de juicio para no ser la «víctima de las circunstancias», sino que estés donde estés por convicción, porque te conviene y estás clara de que esa es la razón. Somos lo que somos por las decisiones que vamos tomando. Afinemos la puntería, para hacer el mapa de la nueva meta.

La mágica jubilación
(el premio)

Eso depende de muchas cosas. Si has sido empleada, conoce bien tus afores y prestaciones para que entiendas a qué tienes derecho.

Una recomendación de la genio financiera Adina Chelminsky: «No te jubiles o retires por completo, no es sano mental ni financieramente. Mucho menos si tienes deudas».

Es importante que siempre mantengas una actividad productiva, aunque no necesariamente tenga una vertiente económica, pero mejor que sí traiga billetes a tu cochinito.

Si tienes hijos y ya son independientes, han dejado de ser tu responsabilidad económica, lo que es tuyo es para tu bienestar en los años que vienen. Nadie va a cuidar lo nuestro como nosotras, hay que estar atentas, informadas, leer todo aquello que firmemos; ser ordenadas con nuestras finanzas por sencillas que sean. Y nunca olvides la regla de oro: jamás hay que gastar más de lo que producimos por mes.

Te paso información puntual y muy útil al respecto, cortesía de mi asesor financiero Álvaro Aldrete: las afores fueron creadas con la finalidad de generar reservas para cuando llegue el momento del retiro laboral. Son instituciones financieras privadas que administran los recursos para el retiro en nombre de los trabajadores.

¿Cuál es su objetivo? Administrar el dinero que los trabajadores depositan en esa cuenta e invertirlo, para que cuando llegue el momento de su retiro, trabajadores reciban su ahorro más un rendimiento. Este rendimiento será mayor o menor, dependiendo de qué tan hábiles seamos eligiendo la administradora del afore.

¿Quién aporta a las afores? ¿El monto del retiro está formado únicamente por las aportaciones de los trabajadores? No, los trabajadores no son los únicos que invierten en su retiro. El monto de la pensión irá de acuerdo con las aportaciones realizadas durante la vida laboral del trabajador por:

× El propio trabajador
× **El patrón**
× El gobierno federal

Y las aportaciones que se registran son: retiro, cesantía y vejez; cuota social; aportaciones complementarias; subcuentas del SAR 92 (para los trabajadores que cotizan antes de julio de 1997) y vivienda.

Actualmente existen cuatro afores donde los trabajadores pueden invertir su dinero. Cada trabajador está en una dependiendo de su edad:

× **Afore básica 1:** grupo de población al que le faltan pocos años para acceder al retiro; esta afore engloba al grupo de población con 60 años y más.

× Afore básica 2: **comprende al grupo de población de entre 46 y 59 años.**

× **Afore básica 3:** engloba al grupo de población de 37 a 45 años.

✕ Afore básica 4: esta comprende al grupo de población más joven, de 36 años y menores.

No puedes elegir una afore al azar y debes buscar la que más te convenga. Si ya estás trabajando y no sabes en qué administradora de fondos para el retiro estás, puedes revisar en la página https://www.e-sar.com.mx/.

El apego

¡Me urge, lo quiero, se me vería divino! Reaccionar a estos arrebatos sale MUY caro. Es momento de ser más prácticas y no inventarnos necesidades. Está padre encontrar inspiración tanto en personas de carne y hueso como en figuras que admiramos, siempre teniendo claro que no todo es lo que parece, pero...

Hagamos el ejercicio de analizar qué actividades, artículos, servicios, etc., son realmente los que «necesitamos». ¿Cambiar el coche? ¿Retapizar muebles? ¿Comprar un asador divino para las comidas de los domingos? ¿Hacer un fiestón de cumpleaños para los niños? Okey, los nietos. Quizá no y nunca nos lo hemos preguntado. Hemos actuado por imitación o ganas de pertenecer y no hemos reflexionado el costo de esas decisiones.

Entonces, no te autoimpongas necesidades que te generen gastos ni dependencias ni ansiedades, cuando ese dinero tiene un mejor uso al administrarse correctamente para que en el futuro no te falte nunca nada. La moderación es muy conveniente en este momento; bueno, siempre.

Es probable que descubras que una vida más sencilla es más satisfactoria que esa que crees que te ayuda a «destacar» e incluso te hace feliz.

Confieso que el *shopping* no es mi deporte favorito. Pero se ha vuelto tan fácil y conveniente que la tentación es dura de repeler. Creo que saber ejercer control sobre los impulsos es fundamental y en la mayoría de los casos, pasada la urgencia de dar el tarjetazo, nos damos cuenta de que ni nos gustaba tanto, que no nos quedaba tan bien o que ese asador era muy grande para el patio. Cuando realmente necesitemos algo, lo buscaremos, investigaremos dónde está a mejor precio y aplicaremos todos esos actos de madurez cada día de mejor manera.

Eliminemos los apegos y viviremos más ligeras y felices. No caigamos en la «trampa de las bolsas». Eso de comprar un *backpack* de marca porque crees que te mueres sin él y, cuando te das cuenta, lo debes a la tarjeta, y es uno más porque llevas años acumulando bolsas que a su vez acumulan polvo en el clóset. Acumulas de manera inconsciente. Es solo un ejemplo. Haz que tu dinero, tus ahorros, tu sueldo, equivalgan a algo más satisfactorio y amoroso para ti, como ser dueña de tu casa en lugar de seguir pagando renta.

Ya caímos en eso muchas veces; ni una cosa más a menos que sea por real y reverendo gusto. Haz el intento.

A mí me gusta el concepto de austeridad, pero parece que hoy día es mal visto no tener una lista interminable de cosas por comprar o tener. Pienso que esas expectativas generan ansiedad.

Acabo de aprender una lección muy valiosa con un evento reciente: mi mamá, a raíz de una serie de cambios, de ciudad y otras circunstancias, a los 83 años se deshizo de todo lo material que poseía, salvo su ropa, fotos y dos o tres objetos, y hoy es la mujer más feliz del mundo. Se despojó de lo que consideraba parte indispensable de su vida. Primero le costó, pero se fue entregando al proceso y hoy, en su manera de ver las cosas, la vida ya le dio muchos regalos. Los más valiosos no necesitan un espacio en el clóset o en la sala. Los lleva puestos en el alma. Para mí resultó muy revelador ver que una persona se pueda desprender de lo que pensaba que constituía su vida, al replantear su forma de entender la felicidad. La moraleja es que todos podemos adaptarnos a nuevas circunstancias sin ningún problema, a cualquier edad. Por cierto, estos apegos a los que me refiero incluyen también a las personas.

Tu espacio de vida

Ya en serio, ¿qué es aquello sin lo que crees que no podrías o querrías vivir? Paremos 10 minutos a pensarlo. La lista de cada una de nosotras sería muy distinta, sin duda. Pero lo esencial pudiera ser: un espacio decoroso para vivir, idealmente propio. En el que entre un rayito de sol y puedas mirar si es de día o es de noche, que tenga ventilación, que quepas tú dignamente y que esté aseado, organizado y a tu gusto. Vivir bonito es muy importante. O sea, que entres a tu casa, tu habitación, y te sientas realizada y satisfecha de que en esta etapa de tu vida estás viviendo según tus deseos más genuinos. Nada como tener un techo propio donde quepan tú y tus objetos más preciados. Quizá un medio de transporte, un coche o camioneta para ir y venir a tu antojo o trabajar. Pero, sin duda, el número uno en la lista de los deseos es tener un hogar.

¿Todavía puedo hacerme de una casa propia? Sí, pero consideremos algo, nunca hay que destinar todos nuestros ahorros o la mayoría de ellos a un enganche para comprar una propiedad. Es probable que ya no generes el mismo dinero que antes, y necesitas tener liquidez para imprevistos.

Si ya decidiste comprar, hazlo con la cabeza, no caigas en las estratagemas que suenan muy buenas para ser ciertas, pueden ser un fraude. Asesórate con alguien en quien confías y sabes que le entiende al tema. Es mejor pedir consejo. Pocas cosas me indignan tanto como ver en las noticias los fraudes en los que algunos desalmados —preferiría un adjetivo más rudo— ofrecen a la gente invertir su dinero, darles buenos dividendos y lo que hacen es timarlos y robarles su patrimonio construido a lo largo de muchos años y esfuerzos. Ushhh, eso me enoja de verdad.

Independencia económica,
finanzas, deudas

A mí no me gusta acumular nada y mucho menos deudas. Me parece un descuido grande dejar que la falta de visión, de autocontrol, nos coloque en un lugar vulnerable. Pero no se trata de llevar esto a la crítica; creo que si una es ordenada, administrada, si nos informamos y enfocamos, evitaremos endeudarnos. Pero si ya estás ahí, tiene remedio.

Economía 101:

✕ No gastes más de lo que tienes o percibes al mes, que no te ganen los «meses sin intereses» o firmes hasta llegar al límite de crédito que tu tarjeta de crédito tiene.

✕ Recuerda que NO es tu dinero aunque nos inviten a pensar que es así, y que lo podemos gastar en lo que nos plazca.

✕ No hay tal cosa como la «terapia de compras»; ni es terapia, ni relaja, y creo que es una de esas necesidades inventadas de las que hablábamos antes. Se le llama consumo paliativo; comprar para distraerte no resuelve nada. Nomás te endeudas.

Llevar finanzas sanas me parece propio de una persona consciente que mira la vida de frente. Que los asuntos de dinero no se conviertan en una batalla diaria. Que no nos roben nuestros sueños ni nos provoquen problemas de pareja. Me acaban de contar algo que me fascinó. Una mujer, recién divorciada a sus cincuentas. Sus hijos ya son adultos independientes, no viven con ella. Tiene un trabajo que le permite solventar sus gastos fijos nada más. Pensó en cómo reinventar su economía. Contaba con un dinerito en el banco. ¿Qué hizo? Destinar casi todo ese ahorrito a construir dos minidepartamentos sobre su casa para rentarlos y generarse ingresos extras. ¡Qué lista! Una solución creativa a largo plazo, utilizando los recursos limitados para extender su potencial.

Aprendo de la vida...
Adina Chelminsky
(Experta en finanzas personales
y emprendedurismo, empresaria y escritora)

Sin miedo

Desde que cumplí 40, cada cumpleaños me deprimo. Dos semanas antes de la fecha, días más, días menos, son de reflexión. De cuestionamiento. De análisis. De lugares comunes, que los reconozco como comunes y burgueses, pero que aun así me dan vueltas en la cabeza. De problemas cotidianos que se exacerban en dudas existenciales.

Otro año más. ¿En dónde estoy? ¿Me faltan cosas (logros, reconocimiento, paciencia, equilibrio)? ¿Me sobran cosas (peso, canas, arrugas, hormonas)? ¿Hago lo correcto? ¿Me gustaría hacer lo incorrecto? ¿Hago suficiente? ¿Para mí? ¿Para los demás? ¿Soy feliz? Conforme los 50 se acercan, estas dudas se vuelven aún más intensas. Mi lucha interna entre el deber ser y el querer ser se vuelve encarnizada. Me rebelo contra mí misma: me tomo esa copa de más, fumo lo que no había fumado en todo el año, texteo, posteo y tuiteo cosas demasiado íntimas. Lloro sin razón, escondida en los rincones, cual pobre y premenopáusica muñeca fea.

Regreso a una adolescencia tardía en donde reto los límites de lo permitido, de lo «aceptado», impuesto por no sé qué panel de jueces. Añoro los días en donde uno se rebelaba contra una autoridad externa; la autoridad interior es mucho más crítica y menos comprensiva.

Mozart era bipolar, me justifico ante el espejo... Sí, mi reina, me vuelvo a decir a mí misma, pero no eres Mozart, eres una cuarentona en crisis.

Conforme se acercan los 50 me cuestiono más sobre el tipo de mujer que soy y sobre el tipo de mujer que quiero que mis hijos adolescentes y adultos tengan como ejemplo. Cómo enseñarles a encontrar el balance cuando yo soy, por naturaleza, extremista. Cómo enseñarles a aceptarse tal como son, cuando yo soy la peor crítica de mí misma. Cómo esperar menos de la gente, sin que eso le quite pasión por la vida. Cómo mandar, de vez en cuando, la opinión de los demás al carajo.

Conforme se acercan los 50 me doy cuenta de que estas crisis anuales precumpleaños son inevitables. Son parte de lo que soy. Irracional, emocional, altamente equivocable, plenamente culposa, divertidamente creativa, entregada en cuerpo y alma a todo lo que hago, incondicional, capaz de reírme de mí misma.

Me doy cuenta de que, con celulitis, flacidez, arrugas y granos (¡juntos a la vez!), me empiezo a sentir cómoda en mi propio cuerpo, que me encanta caminar desnuda por la casa y verme en el espejo, que me empiezo a gustar yo a mí, que disfruto mi sexualidad más que nunca, que me caigo bien, que, como dirían las francesas, por primera vez en mi vida estoy «cómoda en mi propia piel». Que no envidio a las mujeres de 20 o de 30, al contrario, les deseo sentirse a mi edad como hoy me siento y que su camino hacia esta plenitud sea tan lleno de emociones, risas y llantos como lo ha sido el mío.

Antes de cumplir los 50 me doy cuenta de que, a una edad en donde «debería saber comportarme mejor», me falta aún mucho por crecer, y que, con mis aciertos y mis errores, no me cambiaría por nada.

El maravilloso ahorro

«No me alcanza para ahorrar». Eso no es cierto. Siempre podemos, si somos cuidadosas, y diría también, respetuosas con nuestros ingresos. Al ser comprometidas con esta idea, hagamos un esfuerzo para eliminar en la medida de lo posible los «gastos hormiga» que suelen convertirse en marabunta. Esa cantidad fácilmente puede ser un ahorro significativo que no estamos considerando.

Pasé muchos años sin nada ahorrado, ni en el banco ni en el cochinito. Una vez, cuando me quedé sin trabajo en Miami, todo lo que tenía estaba invertido en la casa donde vivía y que seguía pagando al banco. Sin muchas opciones, me regresé a México y no sabía cuánto me iba a tardar en encontrar chamba, en vender mi casa y corregir mi desmadre económico. Varios meses después todo se fue acomodando y entonces me lo prometí: «No gasto más de lo que gano y, cada mes, ahorraré». Con ese compromiso que me hice he podido capotear las tentaciones que muchas veces vienen en forma de zapatos (mi gran debilidad).

Desde chica, he llevado como plan principal ser dueña de mi techo. Antes era por miedo, ahora por convicción, así que con esa «zanahoria» logré ser consistente. No concibo la idea de gastarme en un vestido el equivalente a un mes de hipoteca. Cuando me caen dineritos extras, lo primero que hago es hacer una transferencia para depositar en mi cuenta de retiro. La verdad es que soy bastante ordenada con el dinero. Durante mucho tiempo fue mi máximo objetivo y ahora, ya sin preocuparme, poco a poquito, he ido construyendo un patrimonio para tener paz y no depender de nadie. Nunca.

Se puede ahorrar siempre:

× Abre una cuenta de banco, para ahorrar hay que tener en dónde hacerlo. Hazlo cuando reúnas el mínimo requerido para no pagar comisiones.

× En cuanto recibas tu pago/dinero, descuenta la cantidad que quieres ahorrar. O si se puede, pide que se te descuente automáticamente.

× Compra ordenadamente, eso permite que aproveches las baratas y programes compras grandes. Anticípate a los gastos que ya sabes que tendrás que hacer, como regalos navideños, útiles escolares.

× Revisa tus planes de celular, internet, cable, etc. Asegúrate de que sean los adecuados a tus necesidades; lo que no uses o necesites, cancélalo.

× Lleva un buen mantenimiento de tu casa para prevenir desperfectos mayores que a la vez serán más costosos. Esos le meten grandes mordidas a los ahorros.

× No compres por impulso ni por compromiso. Si tu amiga vende joyería, puedes decir: «No, muchas gracias».

× Ten una sola tarjeta de crédito para que puedas tener un mayor control y poder llevar perfectamente la cuenta de tus gastos. Revisa cuánto cobran de comisión.

× Calcula lo que te gastas en el cafecito gourmet a la semana y multiplícalo por 52. Te vas a asustar.

× Acostúmbrate a llevar tu comida al trabajo, y en lo social administra tus salidas a restaurantes. Hay muchas opciones de entretenimiento que no cuestan.

× Cuando estés a punto de sucumbir al chantaje de un m'hijito que te pida o exija que le compres algo, piensa que mejor lo vas a ahorrar y eso te dará valor para decir que no. Son miles de pesos al año.

× Las compras grandes, refri, compu, lavadora, cambiar la tele o el coche, prográmalas en época de rebajas.

× Guarda todas tus monedas en una alcancía. Cuando veas lo que acumulaste al fin del año, te vas a sorprender; decide si gastas eso en unas vacaciones o si prefieres meterlo a la cuenta de banco.

Veamos las opciones de ahorro de manera práctica. Adoptar el hábito de guardar dinero es un primer paso, pero tener tu dinerito en casa no es la mejor opción porque implica un riesgo: que alguien entre a tu casa y robe, que ocurra algún desastre en casa y pierdas tu dinero o que la persona que organiza la tanda se quede con tus ahorros.

Ahorrar implica disciplina, lo que para muchos puede parecer complicado, pero si visualizas los beneficios, sabrás que vale la pena hacerlo. El ahorro es para el futuro, te permitirá afrontar gastos que probablemente no podrías cubrir con tu ingreso regular; así que ¡comienza a ahorrar ya! Te doy algunas opciones para comenzar:

× Cuenta bancaria. Si guardas tu dinero en un banco, tendrás la certeza de que tu dinero está protegido por el Instituto de Protección al Ahorro Bancario (IPAB). En el remoto caso de que el banco llegara a quebrar, tus ahorros estarán asegurados hasta por una cantidad equivalente a 400 mil unidades de inversión UDIS (dos millones 140 mil pesos aproximadamente) por persona física o moral, de acuerdo con los lineamientos que marca la ley.

× Inversiones programadas para alcanzar metas específicas a través de aseguradoras y empresas

dedicadas a la administración patrimonial. Estas empresas regularmente ofrecen esquemas que te ayudan a alcanzar una meta en determinado plazo (meses o años), y te indican cuánto tienes que ahorrar cada mes, incluso puedes domiciliar un monto específico. Prácticamente, ellos invierten tu dinero en distintas sociedades de inversión, que en algunos casos puedes elegir de acuerdo con tus preferencias.

× Seguros. La mayoría de las aseguradoras también ofrece seguros de vida ligados al ahorro, como los educativos y dotales, y de retiro.

× **Cetes directo.** Esta es una opción de la Secretaría de Hacienda que te permite domiciliar la cantidad que quieres invertir periódicamente, al confirmar tu instrucción de compra de valores o instrumentos de deuda emitidos por el gobierno federal con cero comisiones, tal como lo hacen los grandes inversionistas, como casas de bolsa y bancos. De esta manera autorizas un cargo automático a tu cuenta bancaria en las fechas que tú señales. Conoce más de este programa en www.cetesdirecto.com. Te sorprenderá lo accesibles y rentables que pueden ser estas opciones para generar riqueza a través del ahorro.

También debemos tener muy en cuenta los seguros. El de vida, gastos médicos y el de tus propiedades materiales. No pienses en los seguros como una inversión, sino como una forma de trasladar un riesgo a un tercero. Ojalá nunca tengas la necesidad de utilizar tus seguros más que el de ahorro para que lo disfrutes en vida, pero si llega una eventualidad, qué tranquilidad sentirás al saber que, por haber sido ordenada y pagar una cuota mensual, hoy puedes trasladar un riesgo que pueda parecer impagable a una compañía que tiene suficiente dinero para pagar TODO lo que necesites en cuestión de salud o daños materiales.

El seguro de vida puede convertirse no solo en la protección a nuestros seres queridos el día que faltemos, sino que también, si nos decidimos por un plan de ahorro y protección, se puede convertir en un patrimonio para nosotros.

El seguro de gastos médicos nos da la tranquilidad de vivir sin la preocupación económica en caso de una catástrofe de salud. Con esto no solo vivimos nosotros, sino nuestros familiares.

Los seguros patrimoniales, que serían como los del coche, casa o negocio, te sirven para resarcir una pérdida económica, pero, desde mi punto de vista, también para no tener la preocupación de una responsabilidad civil a terceros.

Los seguros de retiro están diseñados para cuando lleguemos a la tercera edad.

Nos hemos dado cuenta de lo rápido que avanza la vida y es sumamente importante que consideremos que va a llegar el momento en que nuestra energía disminuya, nuestras capacidades y conocimientos serán superados por los de nuevas generaciones y ese es el justo momento en que debemos haber alcanzado una independencia financiera. Para esta etapa de la vida se diseñaron los planes de retiro. Con ellos, ahorramos parte de nuestros ingresos mes con mes y, al llegar a ese momento, sabremos que hay una cantidad de dinero disponible para nosotros o, si lo preferimos, está también la opción de recibir rentas mensuales de por vida. Yo tengo eso.

Por eso es otra forma de ahorrar que te protege si tú o tus dependientes tienen una bronca de salud importante, que no pierdas todo tu patrimonio o te endeudes. Chicas, aplíquense las que no han sacado sus seguros, es de las cosas más amorosas que pueden hacer por ustedes. Claro que este paraguas de protección contempla a quienes son madres. Ya les hablé de mi seguro de retiro, el cual además me protege en caso de una incapacidad y otro tipo de eventos. Si bien no tengo dependientes económicos, en caso de que fuera dependiente con este seguro puedo ser autosuficiente o, al menos, tener una menor carga. No tengo seguro de vida porque, cuando me les vaya, no tengo descendientes que proteger.

¿Cómo elegir a tu asesor de seguros? Es más importante que elegir pareja. Jajaja, no, pero sí es alguien en quien depositarás tu confianza y tu lana. Debe existir empatía entre ustedes, que sea alguien especializado, con experiencia, certificado y, si se puede, que lo respalde un despacho con trayectoria. Nunca contrates a alguien porque es tu familiar o por hacerle el favor. Según mi asesor, Álvaro Aldrete, las finanzas personales deben manejarse con el cerebro y no con el corazón. De acuerdo. Debe ser alguien tan profesional y honorable que anteponga tus intereses a los de él. No alguien que solo quiere conseguir un bono.

Asumamos la responsabilidad de nuestro bienestar en todos los sentidos. Nadie tiene obligación de mantenernos, no, ni el marido, si es que lo tienes, ni los hijos cuando crecen. La enorme satisfacción de valernos por nosotras mismas es insuperable.

Para triunfar en este proyecto hay que preparar el terreno: haz un presupuesto de tus gastos fijos. ¿Cuánto te cuesta vivir? Define una cantidad que te permita cubrir tus gastos, darte gustos y ahorrar. ¿Qué ajustes tienes que hacer para armarla con ese dinero?

Simplifica tu vida. Planea y comprométete.

Testamento y herencias

Hacer un testamento no significa que estás contemplando morirte. Es la vía legal para garantizar que se cumpla tu voluntad cuando mueras y que tu patrimonio quede con quien y como tú deseas. Se recomienda hacerlo con un notario, porque hay otras maneras. Esta es la más rápida y segura. Pero, por tu vida, haz uno; morir intestado es un lío monumental aunque la herencia sea modesta. Y aunque ya no estarás aquí para ser árbitro en la madriza, evítales a tus herederos los malentendidos y deja todo bien clarito en un testamento. O si quieres haz un video, como hizo Mauricio Garcés en una peli en la que tenía tres esposas. Jajaja. Para que no queden dudas. Morir intestado va a traer desgaste a la familia y requiere un juicio largo y caro. Mejor hagamos nuestro testamento. Al cabo que lo podemos cambiar cuantas veces queramos, según vayan cambiando las circunstancias.

En México cada año, durante el mes de septiembre, las notarías de todo el país ofrecen asesorías y hacer tu testamento con un descuento. Esto varía un poco en cada estado. Hasta el día de escribir esto, la transmisión por herencia es gratuita, solo pagas impuestos municipales que van de 2 a 5%.

No hay que anticiparnos a ciertas circunstancias, o como dice mi abogada Magda Fernández: «No es recomendable heredar en vida. Me sé historias de terror. Que se esperen hasta que nos *pasemos a retirar*, mejor». Si testaste en vida, ya te amolaste y no vaya a ser que les tengas que pedir prestado a quienes les dejaste todo, estando tú viva. Aguas.

Mi abogada también dice que no le heredes a tu marido, no se vaya a volver a casar y su nueva familia acabe quedándose con tus cositas. Jeje, bromi.

Aprendo de la vida...
Mónica Lavín
(Escritora y periodista)

El paso de los años me asombra. Resulta que el paso del tiempo ha hecho que disfrute más la vida: que las alegrías y las cosas pequeñas, los gestos de generosidad y calidez, y los afectos tengan una luz solar. Me siento bien con el camino elegido: ser escritora, vivir e inventar mundos de palabras es un privilegio. Es un camino que no se acaba y que responde siempre a la curiosidad que los años no han detenido. Valoro como nunca el papel de la amistad y la posibilidad de compartir y reír. Y me siento bien con quien soy.

¿Qué veo?

Y como no hay nada mejor que ver una película que nos deje con el ánimo arriba, una gran sonrisa y mucha inspiración, les dejo una lista de algunas que les darán ese resultado.

1

Gloria Bell, con Julianne Moore

Chicas del calendario • Calendar Girls,
con Hellen Mirren

3

Alguien tiene que ceder •
Something's Gotta Give,
con Diane Keaton

Cuando ellas quieren • Book Club,
con Jane Fonda

5 *Shirley Valentine*, con Pauline Collins

6 *Talentos ocultos • Hidden Figures*, con Octavia Spencer

7 *Mi abuela • Grandma*, con Lily Tomlin

8 *La forma del agua • The Shape of Water*, con Sally Hawkins

9 *La sonrisa de Mona Lisa • Mona Lisa Smile*, con Julia Roberts

CAPÍTULO 5

Estar viva y mucho

Encuentra y respeta tu espacio frente a
la familia, los amigos y los amores

Uno de los regalos —a mi juicio, más valiosos— que nos trae la edad es la asertividad para hacer elecciones afines a nosotras y sobre todo genuinas. Ni por complacencia social o por convivir. Somos más rigurosas para elegir amigos, aquello a lo que dedicamos nuestro tiempo y atención, de qué objetos materiales nos allegamos, qué actividades elegimos, sobre todo con nuestros pensamientos y decisiones.

El acto de elegir es gratuito, democrático y un derecho de todos. Y creo que habría que ponerle más atención, porque a la administración de nuestro tiempo, amor, recursos de todo tipo, estaría padre elevarlos en la escala de valores. Es un arte que hay que aprender a aprovechar.

Uno sabe muy bien lo que quiere y lo que no. Apreciamos el valor del tiempo, de nuestro sueño, de todo lo que implica encontrarte, colaborar y convivir con personas, en el plan que sea. La energía hay que distribuirla bien y el tiempo no se puede desperdiciar.

Tenemos plena potestad para hacer nuestra voluntad, sin atropellar a nadie, pero sin detenernos tampoco. Considero un verdadero goce llegar a esta fase de la vida.

Eligiendo pareja

Estoy en pleno uso de mis derechos y definí el «cómo, cuándo y para qué». Eso me gusta muchísimo, incluido el compromiso. Porque, además, una de las cosas de las que uno se va desprendiendo con el tiempo es la timidez o el temor a decir NO; nos volvemos más francos y directos con los años. Recuerden que lo cortés no quita lo valiente, así que cuando algo o alguien no nos guste en nuestra vida social o cualquier otro ámbito, digamos «¡gracias!» y pasemos a otro escenario.

Pero cuando alguien nuevo guste, habiéndose presentado la primera etapa de atracción, la de selección natural, que es casi inconsciente/animal —lo cual pasa también en el quinto piso y, por cierto, con la misma intensidad que en la adolescencia—, viene un nuevo proceso, el de empezar a conocer a la persona que nos llama la atención y con ello decidir si es alguien con quien nos queremos relacionar a nivel de pareja.

Busco compañía, ¿sí?, ¿no?, es para algo casual o quisiera algo más profundo?, ¿qué atributos me parecen indispensables en una pareja?, ¿qué busco hoy en alguien a diferencia de todas mis relaciones anteriores?, ¿qué ya no quiero volver a vivir?

En todos los casos, sé selectiva y ten muy clara la respuesta a estas preguntas.

Siempre le he asignado un lugar importante al amor en mi vida. Fui muy soñadora, romántica y hasta cursi. Pero extrañamente la búsqueda definitiva se centraba en la del compañero de vida en la madurez. Quizá porque no buscaba un padre para hijos que nunca planeé tener. Decía que el amor hoy es igual de intenso que cuando uno estaba en secundaria. Se manifiesta, te roba el aliento. Eso me pasó a los 49 y fue delicioso —aún lo es—. Es otra de las grandes razones por las que sé sin lugar a dudas que la vida es sorprendente y mágica en esta etapa de la vida. La poderosa ilusión no tiene fecha de caducidad.

El tesoro de la amistad y la familia

Escucho mucho últimamente el término «gente tóxica». No creo que haya gente tóxica. Eso es un pensamiento. Si una persona tiene un comportamiento que a ti «te hace ruido», detona en ti cosas, aléjate. Pon distancia, un límite amoroso. Pero eso no confirma que esa persona sea tóxica. Igualmente, cuando sientes que alguien «saca lo mejor de mí», ese es un pensamiento en el que tampoco creo. Solo yo puedo sacar lo mejor o peor de mí. Opino que las personas somos afines o no, nada más.

Es muy importante neutralizar la interpretación que damos a los demás y nuestra relación con ellos, para poderlos leer lo más humana y claramente posible. Seamos amorosos, sin colocar adjetivos, recordemos que nadie puede dañarte, ni siquiera desesperarte, si tú no lo permites. Dependiendo de nuestros gustos es que sentimos atracción hacia cierto tipo de personalidades y son con las que buscamos establecer vínculos potentes. Así nacen las amistades. ¡Qué regalo! Parte de sentirse vivo es haber encontrado a las personas con quienes uno se siente más feliz, florece, se divierte, se nutre, confronta ideas, se acompaña; es delicioso.

Disfruto tener amigas y amigos que son totalmente distintos entre sí, pero en cuyo criterio, sentido común y humanidad confío y «espejeo» mi vida. He observado cómo se desenvuelven y los admiro por ello. No hay tiempo para dramas y sinsentidos. Rodearnos de amigos no necesariamente parecidos a nosotros o nosotros a ellos, pero gente que enriquezca la vida, y que eso sea recíproco, nos hace mucho bien. Lo confirman estudios científicos. Ejercitar la empatía, saber guardar una confidencia, ser solidarios.

Porque cuando se da la magia de la amistad sincera, las personas nos llevamos mutuamente a un lugar de bienestar. Opino que la amistad es el mejor invento. Por eso también hay que honrarla. Porque aunque perdona todo, o casi todo, debe tener códigos de honor.

Cada día le encuentro un valor más elevado y preponderante a la amistad. Creo firmemente que es una modalidad distinta de familia.

Noto cómo sonrío al pensar en mis amigxs; hago una lista mental. Tengo una gran variedad: ellas y ellos, contemporáneos y más jóvenes. *Gays* y *straights*, solteros y casados, de muy distintos mundos e intereses. Agradezco la presencia de cada uno de ellos en mi vida.

Al haber elegido desde que era muy joven que no tendría hijos, renuncié a conocer ese amor capaz de todo que madres y padres sienten. Eso me lo perdí.

Aprovecho para contarles algo de lo que más me preguntan. Me doy cuenta de que hay todavía una gran curiosidad en torno a que una mujer elija no tener hijos... ¿No es una decisión que hoy lamentas haber tomado? Y no, no lo lamento. Ser madre no estaba en mi proyecto de vida, y mucho menos si parte del argumento es: «¿Y quién te va a cuidar cuando seas vieja?», como me dijeron tantas veces. Seguramente eso lo voy a resolver de la mejor manera cuando la situación se presente, pero ese es un temor que no he sentido jamás y mucho menos habría tenido un hijo por ese motivo. Me ha tocado cuidar a mis papás en su tercera edad, lo he hecho con todo mi cariño, nunca porque pensara que era una obligación, es un acto de amor y gratitud. Los lazos familiares son muy poderosos. El sentido de solidaridad y protección hacia nuestros padres, hermanos, sobrinos es hermoso e instintivo. Porque es en ese núcleo donde comenzó todo: en él sentimos amor y gratitud por primera vez, aprendimos juntos, ahí conocimos el sentido de pertenencia y la sensación de protección. Es el origen de nuestra esencia, donde, aunque a veces no haya tanta cercanía, basta un evento inesperado para que ese núcleo inicial se una con la fuerza invisible que es la sangre. Agradezco a la vida por la familia que me tocó.

La vida hermosa

Ya mencioné algunos de los conceptos que estaban muy arraigados en mí, que he dejado ir, liberando espacio para mis nuevas declaraciones. Renuncié voluntariamente a ser un robot para dejar trabajar a la intuición, con apertura a lo espontáneo. Elegí convertirme en alguien que respeta lo que no conoce o entiende. Eliminé mi tendencia a contemplar el peor escenario posible en cada situación, dizque para calcular las eventualidades en lugar de potenciar lo bueno. Destruí todo rastro de «doña Perfectina», esa chava obsesionada con pertenecer, acertar, agradar, ser el *role model* ideal, la amiga que toda persona «debiera o quisiera» tener.

Hoy me dedico a gozar plenamente, disfruto lo que conforma mi vida. Intento aprender a amar más bonito, respirar y estar permanentemente en gratitud. Leí algo que forma parte de este plan: «Asegúrate de que la interacción contigo sea fabulosa, agradable, motivadora y hasta la mejor parte del día para alguien más. Que tu generosidad, tu optimismo y tu colaboración tengan el potencial de hacerle el día a alguien»; inténtalo. Yo lo estoy haciendo.

Tengo también algunos sueños que deseo cumplir. En inglés le dicen la *Bucket List*, o si quieren, los deseos que le pediría al genio. (Ojo, hay que saber pedir; con todo detalle y toda el alma).

Para nada tiene que ser una noche romántica con Chayanne (pon aquí el nombre de tu *crush*) en un yate en el mediterráneo o algo así. Haz tu lista. En orden aleatorio. Contémplala. Ah, escribe la lista en tiempo presente, por ejemplo:

✗ No me falta nada. Tengo todo lo que deseo y necesito. Me sobra para compartir.

- × Vivo en permanente estado de paz, amor, alegría, salud y gratitud.

- × Vivo en una casa rodeada de naturaleza con mi amor.

- × Cocino delicioso todos los días con productos de mi huerto.

- × Buceo cada vez que quiero porque vivo al lado del mar.

- × Mis proyectos profesionales son exitosos.

Cierra los ojos, despierta los sentidos para que las emociones tomen vida.

¿Qué es un compromiso?

Hay dos tipos: los que uno adquiere con y por gusto y los que no se quiere echar encima. Tantas veces uno cae en eso por cortesía, por no herir susceptibilidades; por *educación*. Celebremos que nosotros ya pasamos por eso y nos liberamos. Al valorar nuestro tiempo y energía como sabemos hacerlo, ya no nos mortificamos por decir que iremos, cuando no queremos hacerlo.

¿Cómo salir victoriosas de eventos a los que no quieres asistir, cosas que no quieres hacer, como tampoco lastimar susceptibilidades?

¿Cómo comunicarle a esa persona de una manera amorosa, sincera, sin juicios (sin tampoco echar mentiritas), que puede ser tu hijo o tu hermana, que no quieres? Volviendo a lo de neutralizar los pensamientos, despojarlos de interpretación y ser genuinos y francos, me encanta la siguiente historia. Tengo una amiga que trabaja mucho. Es muy querida y recibe invitaciones constantemente. Ella, de la manera más directa y linda, un día nos explicó que el poco tiempo libre que le queda lo administra como mejor conviene a sus prioridades y a sus gustos, que es agotador eso de estar buscando pretextos, que ella elige no someterse a compromisos. Cuando dice sí, es sí; cuando dice no, ni preguntemos. Adoro su claridad.

Otra amiga un buen día opinó que formaba parte de un *chat* donde prefería ya no estar. No sabía cómo salir de ese grupo. Así que, simplemente, con la sinceridad de sus razones personales, les escribió lo siguiente: «Hola a todos, buen día. Saben el aprecio que tengo por todas las personas que están en este *chat*. Me voy a salir, les dejo un beso y nos vemos en persona en la siguiente oportunidad». Sin dar explicaciones, sin titubeos, salió de ahí. Saber hacer esto es un arte, y es uno muy simple. ¿Lo han intentado? Yo sí y en alguna ocasión alguien se sintió, esa era una consecuencia que estaba dispuesta a asumir.

El lenguaje liberador

A little coaching

¿Cuál es el lenguaje real, frontal, amoroso, preciso, firme, claro y constructivo que nos va a ayudar a comunicarnos de manera asertiva y eficaz? Tan útil para entablar acuerdos y establecer nuestra postura desde lo más sencillo hasta lo más serio. Obvio también para no caer en compromisos que no se te antojan, como ser la madrina de la hija de una señora que solo has visto en el salón de belleza. Yo solía dar 20 vueltas, y era la reina de las explicaciones, así que para mí ha sido fabuloso aplicar este método. Porque además no me gusta decir mentiras. Liberémonos de esas fórmulas que por excesiva cortesía y tacto, y el famoso «deber ser», nos atoran más. Desde la sinceridad respetuosa, sé legítima con tu respuesta. «Gracias por tu invitación, no te puedo acompañar». Sin mentiras, rodeos, sin explicaciones. Esto se traduce en poner límites y, como dije, crear nuevos acuerdos.

No estamos obligados a cumplir
las expectativas de los demás.

Amores que van, vienen... o se quedan

Estado amoroso: casada, con novio, con novia, con amante, soltera o curioseando. Dividiría el grupo de mis contemporáneas en dos muy generales: *1)* Las que siguen observando todas esas reglas que nos inculcaron, o sea, la *vieja escuela*, y quizá al leer este libro les despiertan nuevos cuestionamientos, y *2)* quienes ya se abrieron a las posibilidades infinitas de relacionarse en pareja —o como le quieran llamar— y están evaluando cómo hacerlo. Quiero hacer una atenta invitación a reflexionar a las del grupo 1, al cual pertenecí por mucho tiempo, convencida de que era lo «correcto». Sin arrepentirme de nada, hoy opino totalmente distinto. Y es que esas convicciones me fueron inculcadas, machacadas; las acepté reconociendo el amor con el que me las infundieron y nunca las cuestioné, ni se me ocurrió. No se debatía nada en esos años. Las reglas eran muy claras.

Tenemos una postura más genuina hoy, podemos opinar y decidir abiertamente. Que ningún pensamiento que no nos pertenezca o convenga impida que vivamos plenamente nuestras posibilidades amorosas y sexuales. Tenemos la madurez para hacer elecciones con todo y sus consecuencias.

Hay mujeres que están casadas, pero ya no quieren estarlo. Otras que ya no aguantan a sus maridos, ni ellos están contentos. Su relación es fría, hasta desagradable. Ese proyecto de vida ya caducó. Son dos personas que ya no quieren estar juntas, pero permanecen ahí por 27 pretextos. Por más que lo intenté, no puedo encontrar ninguna justificación para continuar en una relación que no suma felicidad. ¿Qué no es ese el objetivo máximo de las personas, ser felices? Quizá ellas quieran venirse al grupo 2, bienvenidas.

Muchas dicen: «Es que si me divorcio de este hombre, no tengo cómo sostenerme». Ni esa ni otras me parecen justificaciones para que tu vida sea triste. Siempre están todas las demás alternativas disponibles para remediarlo, ser libre y feliz, para que los años que vienen sean de la mayor plenitud posible. ¿Quién dijo que tener una mala relación de pareja es mejor que no tener ninguna? Claro que no. Sé sincera: «Este compañero o compañera ¿es la persona con la que yo quiero estar?, ¿qué sería capaz de hacer para refrescar esta relación?, ¿tiene esperanzas?, ¿sería más feliz al estar sin él o ella?». Me parece imperioso definir cómo quieres vivir los siguientes años de tu vida.

Es que ya cumplimos con todo el mundo. ¿Y ahora? Ahora quiero satisfacer mi curiosidad. Y lo puedo hacer sola, con mi pareja, tomando acciones, cada quien elige.

La iniciativa está en tu ámbito y se traduce en dar la bienvenida a nuevas experiencias, situaciones, las que más te gusten en esta etapa de TU vida. Quizá ese deseo es nuevecito para ti, es momento de estrenarlo.

En cuanto al divorcio, no creo que sea una epidemia. Creo que es la solución a situaciones que ya no tienen otro remedio. Este no es un libro que vaya a analizar el fenómeno. Ni promoverlo tampoco. Mi intención es solo hablarles a las mujeres de mi generación que pensaron que esto nunca les iba a pasar, incluida yo. El divorcio es un trance complicado, en el que se aprende mucho, subimos y bajamos, nos envalentonamos y luego nos queremos rajar, pero está claro que hay razones que nos llevaron a tomar esa decisión a ambas partes.

Muchas personas se sorprenden cuando un matrimonio anuncia a los 35 o 40 años de casados que se van a divorciar. Me parece que tiene sentido. Todos vamos cambiando un poco durante la vida, ya no somos la misma chica que hace 25 o 30 años. Seguramente no pensamos igual que antes y, una vez que los hijos ya están echados a andar, es cuando muchas mujeres solicitan el divorcio. «Misión cumplida, ahí nos vemos».

Por eso, en términos generales, los divorcios en los cincuentas pueden ser más simples (si la vida financiera está resuelta). Dice la psicoterapeuta especialista en terapia de parejas Vale Villa que el divorcio puede ser una etapa de renacimiento o de desolación, aunque las mujeres llevamos mucho mejor la soledad que los hombres, y de hecho encontramos en la solidaridad femenina, las amigas sobre todo, los vínculos más significativos. Si has llegado a la conclusión de que el divorcio es el siguiente paso en la construcción de tu nueva vida, te deseo lo mejor. Siempre habrá momentos difíciles, pero para eso estamos las amigas.

Aprendo de la vida...
Tere Vale
(Conductora, actriz, psicóloga y escritora)

Hola, soy Tere Vale y soy una sexagenaria... O sea, soy una mujer ajena al sexo...

Pero además... soy una vieja loca. Soy una mujer senil. Soy una anciana. Soy una estorbosa abuelita.

Soy invisible, latosa, siempre estoy equivocada, y en general no entiendo, dicen los jóvenes. La mera verdad no sé cómo llegué aquí, qué horror, seguro año con año, poco a poco y sin darme cuenta.

Si me hubieran preguntado, seguro no hubiera aceptado.

Aunque hay que reconocer que envejecer es la única receta comprobada para vivir mucho tiempo. Porque, seamos honestos... el precio de no hacerme vieja era muy alto... ya saben, aquello que viene siendo descansar en paz. Nooooo.

Por lo menos hoy no acepto el trato, aquí estoy todavía... Todavía con ganas de luchar. Todavía con ganas de aprender. Todavía con ganas de reinventarme. Todavía con ganas de ser útil. Todavía con ganas de reír.

Con mis achaques y mis enfermedades, todavía estoy dispuesta a dar la batalla.

¿Quién dijo que no se puede? Todavía, todavía, todavía estoy viva.

Soltera, con ganas de vivir

Crecí convencida e ilusionada con el modelo de la mujer que se casa enamorada con el hombre ideal para toda la vida. Sí se puede ser también «mujer de un solo hombre». Conozco muchas chavas de mi generación que es su caso. A algunas, ese esquema les ha resultado exitoso, lo celebro. Pero sin duda es un grupo minoritario en el universo actual.

Ser dueña de tu sexualidad y esos «conceptos liberales», si existían en mi adolescencia, ni me enteré. Y además seguro eran «pecado capital», por lo tanto, descartados para mí. Me ufané siempre de ser una niña «decente». Y recuerdo más de una vez en que me habría encantado no serlo. Decliné interesantísimas propuestas indecorosas, que de no haber estado bajo el influjo del adoctrinamiento de mi mamá y mi abue me habría dado permiso de vivir. Hoy entiendo el valor de nuestra sexualidad. Ejercerla no debiera implicar culpas ni estigmatización.

El deseo no tiene fecha de caducidad. Estoy segura de que todas tenemos sueños y fantasías. Quizá hay por ahí alguien que nos ronda esperando el momento de actuar. O al revés, tenemos en la mira a una persona que nos pone nerviosas y queremos atraer. Pero no pasa de ahí. Posiblemente muchas de las que leen esto fueron del grupo 1 y decidieron pasarse al grupo 2, porque no se quieren perder de situaciones que, por la razón que sea, no han vivido. Parte de la liberación de la mujer radica en aceptar nuevos acuerdos y maneras de vincularse con otros. Explorar abiertamente su sexualidad, aprender a disfrutar eso que nos dijeron que era MUY malo y resulta que no lo es, y ¡hasta lo recomiendan los médicos! Tomemos la iniciativa aunque no sepamos ni por dónde. Para eso sirve la intuición. Creo que una tiene que ser proactiva para que las cosas sucedan.

Reimaginar nuestra fórmula ideal de vivir en pareja implica ser realistas, estar dispuestas a considerar e incluir otras opciones quizá menos tradicionales y aceptadas socialmente, si eso es lo que nos interesa. Eliminar de la ecuación como única opción la figura patriarcal del proveedor, el que resuelve problemas, el tomador de decisiones, la deidad a la cual rendir respeto y culto, y crear un nuevo esquema a nuestra medida.

Estas joyas de conceptos que ahora comienzan a hacer más sentido acerca de tener una buena relación contigo, de quererte a ti misma, del autoconocimiento, establecen un nuevo punto de partida. Por lo mismo hoy, que estamos deliciosamente maduritas y ejercemos el libre albedrío sin cargo de conciencia, qué rico decir: «¡Qué creen!, hoy me despojo de este pensamiento que toda la vida me creí; por años lo llevé a cabo y hoy lo suelto, *thank you very much*, ya no me funciona».

Ser un autoobservador más selectivo, más acucioso y riguroso va a ser vital para tu devenir amoroso.

Hoy, a nuestros cuarentas, cincuenta y tantos años, sesentas, que los hijos estén emancipándose, o ya se fueron, que acabó la crianza, la pagadera de escuelas, que estamos llenas de ganas y sueños, fuerza y amor, es el gran momento para volverse a preguntar: ¿Quiero estar sola?, ¿acompañada?, ¿por un hombre?, ¿por una mujer?, ¿quiero vivir sola por primera vez en mi vida?, o sea, ¿qué es lo que quiero para mí? Porque ahora sí voy a echar mano de las herramientas de la vida que desarrollé o que estoy adquiriendo a partir de este momento, y que me van a servir para contestar adecuadamente esas preguntas que definirán mis siguientes pasos. Ahí les voy.

Masturbación, fantasía y juguetes

Me vale lo que digan las estadísticas sobre la sexualidad femenina, sé que hay muchas mujeres que no han sentido nunca un orgasmo de esos que te hacen gemir y explotar y traer una gran sonrisa. Nunca es tarde.

Somos seres multiorgásmicos y de regalo nos pusieron un órgano que fue creado exclusivamente para sentir placer; el clit (de cariño).

Puede ser que no lo hayamos conocido bien, ni le hayamos dado la atención que merece. Quizá por temor a ofender a no sé quién, por prudencia, por pudor, por no «sentir que eres una puta». Somos una generación que tenía prohibido tocarse, que nunca estuvo acostumbrada a que su pareja le diera sexo oral, ni se atrevió a pedirlo, es más, creo que ni sabíamos que eso existía, el chiste era que ÉL estuviera satisfecho. Somos dueñas de nuestro cuerpo, vamos a gozarlo, conocerlo, aceptar sus cambios y quererlo. Si estás con una pareja desde hace años, hazle una proposición que no quiera rechazar. Lo que sugiero no lleva reglas del juego incluidas. Todo se vale, aquello que a nuestro parecer enriquezca nuestra vida, y no dudo al decir que la sexualidad tiene ese poder.

Si tienes preguntas sobre tu propia sexualidad, ¿te gustaría quedarte con la duda? Ojalá que la respuesta sea no.

Merecemos sumar el placer del sexo a nuestra vida. Agarrarle confianza a nuestro cuerpo y gozar. Podemos comenzar perfeccionando el autoamor. Para eso, les dejo el *link* a un sitio que justo a eso se dedica de una manera profesional y seria. Nos da la importancia que tiene el autoamor en nuestra vida.

La masturbación es considerada por los especialistas como un hábito saludable que ayuda a liberar tensión sexual. Así que hay que verla como una recomendación médica. Jeje. Ahora sabemos de todo lo bueno que la masturbación nos brinda: ayuda a conocer mejor tu cuerpo. Te hace más feliz porque las endorfinas, dopamina y oxitocina que expides tras un orgasmo mejoran nuestro humor. Ayuda a mejorar tu vida sexual en pareja ya que accedes con más facilidad al clímax, y te da seguridad y confianza a la hora de estar acompañada. Permite dormir rico porque soltamos estrés en el clímax y quedamos listas para descansar con una sonrisota. Ayuda a mantenernos, sabiéndonos y sintiéndonos seres sexuales. No tiene contraindicaciones. Y no necesitas a nadie más que a tu fantasía, tus manos y quizá un juguete. Así que prepárate para llegar al paraíso. Conviene poner una luz tenue, una velita que huela rico, música, quizá te sirvas una copita de vino, y ten pensamientos sensuales y juguetones.

Para completar este tema,
te invito a que vayas al siguiente link:
OMGyes.com y escanees este código.

Ejercicios de Kegel

Los Kegels son ejercicios de contracción pélvica que funcionan para todas las personas. Son muchos los factores que pueden hacer que se debiliten esos músculos, como el embarazo, el parto, la edad, la tensión provocada por el estreñimiento, la tos, y si ustedes como yo han tenido de pronto una fuguita de orina en un brinco o en una buena risa, o con una tos, ya saben de lo que estoy hablando.

Los médicos recomiendan mucho estos ejercicios, sugieren que los incorporemos a la rutina diaria, y hacerlos desde jóvenes.

Para aprender a hacer estos ejercicios nos sentamos en el escusado como si fuéramos a hacer pipí; lo contraes y sueltas, y lo vuelves a contraer. Esto es solamente para localizar el músculo, ya después lo haremos mientras estamos sentadas; en el trabajo, manejando, viendo una peli o donde sea. Lo único que tenemos que hacer es contraer por cinco segundos, soltar cinco segundos y así. Hay que hacerlo tres veces al día (uy, ¡qué aplicadas!).

Estos ejercicios ayudan a quienes tienen incontinencia urinaria. Reducen síntomas de lo que llamo el «chisguetazo traicionero», que a muchas sorprende en los momentos menos adecuados. O hasta cuando estás haciendo ejercicio o tienes tos.

Durante la menopausia es muy útil, porque previene disfunciones del suelo pélvico que son provocadas por cambios hormonales y que han debilitado mucho esa zona.

¡Es un aliado para la vida sexual! Y me van a disculpar pero, si queremos estar *fit* de esa parte, ayuda a tonificar la musculatura del suelo pélvico, hace que las relaciones sexuales sean fabulosas, nos ayuda a tener una mejor calidad de orgasmos y la pareja queda encantada con el apretón que le podemos dar. Por si les interesa pasar el *tip*, a los hombres se les recomienda también para retardar la eyaculación, tener orgasmos más intensos, mejorar la salud prostática y reducir la incontinencia urinaria cuando les han extirpado la próstata.

El mundo digital

Entrarle o no a la tecnología es un tema de voluntad. Entiendo que hay personas que piensen que ese mundo no es el suyo, y que se nieguen a entenderlo, o visitarlo siquiera. Me gustaría proponerles que no se cierren a complementar conocimientos, ¡hay tanta información sobre todos los temas! Aprovechar las posibilidades de comunicación, de intercambio de ideas, de difusión de mensajes, es una gran fuente de información (aunque no hay que creer todo lo que ahí vemos o leemos), como herramienta de organización, de promoción de tu negocio. Conozco a muchas mujeres que gracias a la tecnología han desarrollado negocios chiquitos y caseros, y los han llevado al siguiente nivel. Satanizar las redes y las plataformas digitales nos hace perder una gran oportunidad para cruzar un puente generacional, de acceder a otros universos paralelos al nuestro que nos abren perspectivas. Y hasta para conocer personas. No es improbable encontrarse ahí a un potencial galán.

Aislarse de la tecnología no es afín a nuestra intención de expandirnos. Ya sabremos qué es lo que más nos sirve y qué de plano no nos despierta interés. ¿Cuál es la razón por la que le pones peros a la tecnología? Prueba buscar videos que llamen tu atención: hay información, clases, recetas (y mi canal de YouTube Puro Glow). Permite que tu curiosidad navegue *online*.

Te pongo aquí unas ligas a tutoriales de iniciación digital, están sencillos y entretenidos:

Para completar este tema,
te invito a que **escanees** este código.
Es material exclusivo para ti.

Ligar, encontrar pareja, compañía para salir, buscar una relación o simplemente tener a quién llevar contigo a una boda no es fácil, pero no imposible. Siempre hay alguien que nos quiere presentar a alguien. Y ese sistema nos gusta porque hay cierta recomendación o filtro que esa persona ya pasó y eso nos da confianza, ¿no?

Pero hablando de tecnología, qué tal la idea de que un algoritmo (no pienso explicar aquí lo que es un algoritmo), que tiene una serie de datos sobre nosotras, ha encontrado una compatibilidad casi perfecta con otra persona. Esa es una explicación muy sencilla de una *app*, como ya hay muchas, en las que la gente busca pareja o alguien con quien salir, comprobar si esas afinidades son tan extraordinarias, tener sexo o simplemente jugar con esa posibilidad en su mente.

Hay *apps* en español y están segmentadas por distintos intereses. Hay para gente como una, madurita, otras para encontrar chamba, para únicamente buscar nuevos amigos. Lo bueno de las *apps* es que al explorar esa opción tienes plena libertad de conocer a la persona, o, si no te late, pues te sales y punto. De lo que se trata es de no cerrarse, no resignarse, no dar el capítulo de la pareja en cualquiera de sus modalidades por cerrado y no sentirte solita. Es divino estar solo, pero no como sentencia o resultado de querer lo contrario y no hacer nada al respecto. Si decides usarlas, hazlo con responsabilidad y antepón tu seguridad.

Ser dueña de tu vida social

No todo buen plan implica ir a un lugar de moda, a un restaurante recomendado o un *show*. A mí me parece divino organizar algo en casa. Propongo volvernos expertas en armar reuniones, invitar a gente interesante, simpática. Saber recibir bien no depende en lo absoluto del presupuesto. Creatividad, ganas, dedicarle tiempo a armar el plan. Jugar a algo, hacer una *bohemiada*, una competencia de anécdotas, ver una peli y comentarla, cocinar en grupo y luego cenar. En fin, pasarla bien, carcajearnos, conversar.

La verdad es que los amigos de nosotras ya son abuelos casi todos, pero, en general, la gente de 50, cuarenta y tantos, que anda en pleno «nido vacío», ya se liberó del famoso «¿con quién dejo a mis hijos?», misión cumplida, y andan en busca de diversión. El segundo aire es maravilloso.

El asunto es que podemos volver a hacer muchas de las locuras que, o ya hicimos antes, o nunca tuvimos la oportunidad de hacer. Este es un gran momento para divertirnos un montón.

Podemos organizar grandes nuevos planes, divertidísimos, para pasarla increíble con las personas que hemos elegido a lo largo de los años, que siguen siendo parte de nuestra vida, también con aquellas que conocimos hace unos días, pero con las que ya hemos creado complicidades increíbles. Eres un adulto en plenitud de facultades. Y la curiosidad y las ganas de diversión están a todo lo que dan. Quien no se divierte se va oxidando. El sentido del humor es un músculo que hay que traer bien ejercitado.

Y claro que no importa si no es en parejas. Los grupos hoy día pueden ser de lo más diverso. Me acuerdo cuando éramos chicas, no podíamos salir solas, ni bailar solas; tenía que llegar un masculino a sacarnos de la casa y llevarnos, cuidarnos, regresarnos con bien. Ya no dependemos de eso, armemos diversión en grande para nuestra vida.

Aprendo de la vida...
Valentina Ortiz Monasterio
(Empresaria, consultora social
y experta en gastronomía)

Yo nací grande, cosa que no habla bien de mí. Me adelanté a mis tiempos, supe hacer una sopa de fideo antes, asumí muy niña responsabilidades que no me competían y sí, no sé si para bien o para mal, crecí más rápido. Sembré cientos de árboles, escribí dos libros y tuve tres hijos hace ya varios años, como dice aquella frase respecto de haber vivido bien la vida. Y yo, siento que apenas estoy agarrando vuelito.

Adoro presenciar los resultados de esos ejercicios sociales en donde se conversa y se sueña con nostalgia tener 25 años nuevamente. He escuchado respuestas de anhelo, de deseo, hasta de envidia, y yo miro, registro y sonrío, ni quisiera me daría ilusión.

¿Libertad?, ¿autonomía?, así como la voluntad y la razón, son elementos que no han dejado de estar presentes, y no coincido con los que se refieren a sus años mozos como los que valieron la pena. Yo soy generación cometa Halley, preinternet, electrólisis, y que sigue desayunando huevos, frijoles y tortillas diario. Todos mis años los quiero hacer mozos.

Por ejemplo, yo que soy de contemplar las nubes y sus formas, hoy las veo distinto que antes, y la nutrición de espíritu que me dan los amaneceres y atardeceres con nubes es directamente proporcional a los años que cumplo, que crezco y que celebro. Siento mucho más los cielos y sus significados.

Ser madre de Luciana, de Paloma y de Leonor me da la oportunidad de ver desde arriba, con un poco de aire y perspectiva, lo que quiero que sean, sepan y gocen mis hijas. Solidarias, independientes, amorosas y enamoradas, críticas y llenas de sentido del humor, y, si las cosas salen como quiero que salgan, son los lustros y las décadas de vida las que con calma les otorgarán los adjetivos.

A la mitad de mi vida me atrevo a hacer tanto más y no menos, a estudiar lo que en realidad quería aprender y —gran regalo de la madurez— a reinventarme cada vez que lo siento necesario. Así, me reconforta saber y compartir que mi principal tarea a partir de esta segunda mitad es reconquistar mi propia identidad y mimar esa sensación de estar ubicada en lo más alto del ciclo de mi vida. Mi madurez no es una etapa, es más bien una conquista individual.

Se supone que los años templan el espíritu. Es cierto, no soy más facinerosa, pero sí estoy muy dispuesta a reírme de más cosas y de mí misma. Me gustaría decir que he aprendido a tolerar, pero no es el caso, el tiempo es un recurso no renovable; aprecio enormemente las conversaciones inteligentes, saborear y elegir, de ser posible, solo lo que me hace feliz.

Yo nací queriéndome comer la vida y, a mis casi 46 años, me alegra saber que no dejo de intentar hacerlo a bocados bien copeteados.

Proyecto de vida

Conclusiones

Medir la vida desde el éxito y el fracaso nos hace cargar una realidad muy dura en algunos momentos. No es necesario hacer un balance.

Antes, para mí los éxitos iban siempre asociados a lo laboral. Tan es así que no sabía realmente cómo darles su lugar justo y adecuado a las relaciones personales. Siento que anduve en piloto automático por años. Por eso digo que, viéndome en retrospectiva, yo era una mujer robot; no paraba nunca. Estaba siempre de prisa y ocupada. No miraba, veía; no vivía, solo respiraba y me preocupaba por todo, especialmente por el futuro al que, en mi estado de miedo, esperaba con terror. Recuerdo una entrevista —tenía como 25 años— en la que me preguntaron cómo me visualizaba en cinco años. Mi respuesta fue: «Yo no pienso en el futuro, estoy concentrada en mi actividad de hoy». No es que haya dicho mentiras, pero tampoco estaba viviendo en el presente como ya he aprendido a hacer. Me daba mucho miedo armar un proyecto de vida, estaba en modo «sobrevivir». Por eso nunca vi los éxitos como tales; eran para mí una consecuencia de un trabajo bien ejecutado y punto. Nunca celebré ninguno de ellos.

Cómo me habría servido la cajita de herramientas que hoy tengo. Lo digo sin nostalgia ni arrepentimiento; hoy que ya aprendí, los éxitos son para mí distintos de esa definición general. Considero que triunfé o en eso estoy, en el deseo enorme de ser alguien que viviera en paz. Que pudiera alejar de su mente tanto ruido e intranquilidad.

Por otro lado, cada fracaso ha representando una nueva oportunidad en mi camino, y lo digo con toda seguridad. Los madrazos más duros que me he dado fueron también estas grandes lecciones para no volverme a equivocar (en eso) y, honestamente, hoy los valoro. Me corrieron dos veces de dos trabajos, tuve incontables fracasos amorosos, expectativas que se volvieron desilusiones. Todo me sirvió. Duele, pero el dolor se va, la vergüenza también, y queda la lección aprendida.

Ya sin adjetivos de por medio, te propongo que hagamos un homenaje a lo vivido hasta el día de hoy. Creo que ya mi memoria emocional sabe perfectamente bien cuáles son las cosas que no voy repetir, que no quiero volver a sentir... o pensar. Y hoy apunté una frase que me fascinó, y la pongo porque viene totalmente a cuenta de esto: «Fíjate en qué te fijas»; es una frase que posteó Alejandro Maldonado en sus redes y resonó en mí. Checa a qué le estás poniendo atención, si realmente vale la pena o si vas a aprender de ello.

✕ ✕ ✕ ✕ ✕

Fíjate o fijémonos en lo que de verdad nos mueve e interesa. Hoy ya nos sabemos el camino hacia los sueños.

Estas son algunas cosas que solo me ha dado la edad, que me habría encantado saber a los 30:

- ✕ Nunca pasa nada, o sea, nada es taaaan grave.
- ✕ **Nadie muere de amor.**
- ✕ Sigue a tu panza y a tu intuición.
- ✕ **La soledad es una buena amiga.**
- ✕ Siempre hay tiempo para todo.
- ✕ **No seas tan dura contigo.**

Somos poderosísimas siempre y en especial en esta etapa de la vida; poder que nadie nos regala o confiere, lo hemos ido ganando y acumulando en el proceso mismo de vivir. Significa sabernos útiles y proactivas, participando en lo que hoy a cada quien nos parece importante, en todo aquello con lo que nos sentimos inteligentes, solidarias, amorosas. A este proceso le podemos ahora meter turbo porque tenemos más distinciones que nos permiten exponenciar nuestra participación en la vida, siendo plenas y felices a la vez.

A lo largo de nuestra existencia vamos con ideas preconcebidas sobre tantos temas, cosas, personas. Esas se convierten en nuestras verdades. Nuestra vida y obra se construyen alrededor de ellas. Hemos hecho lo mejor que hemos podido. Soltemos culpas, remordimientos, vergüenzas y perdonemos todo.

Celebremos el recorrido, brindemos por nosotras. ¡Salud, chicas!

✕　✕　✕　✕　✕

Inauguremos la segunda etapa de nuestra vida a partir de hoy. Revivamos, reinventémonos, reintroduzcámonos al mundo exactamente como quienes somos.

Reciclémonos para transformar lo que no nos funciona en algo maravilloso. Repongámonos de los pensamientos que nos han obstaculizado el avance.

No es necesario destruir para construir. Podemos simplemente alejarnos de lo que ya no queremos cerca. Persona, animal o circunstancia.

¿Qué has pensado?, ¿cuál es tu nuevo plan de vida?, ¿a qué te quieres comprometer contigo? Es el momento perfecto para iniciar un nuevo proyecto de vida, o retocar el que ya tenías. Como dijo Anaïs Nin: «Disfruta el placer de la transformación».

El sentirnos y sabernos poderosas va de la mano de nuevos actos de conciencia, como sería tomar una postura activa, altruista, ser parte de comunidades, de grupos de ayuda, de alguna misión, de hacernos maestras de algo, miembros de algún movimiento, de aportar nuestros conocimientos... participar. De tomar parte en lo que en lo personal considero un rescate de la humanidad y del planeta. Un esfuerzo para mejorar el estado de las cosas. Comprometernos sin pretextos. Ponernos a la altura de las circunstancias que queremos crear, en las que queremos vivir, me parece importante y de una congruencia indispensable.

En mi caso, si me dijeras ahora: «Gloria, tienes que elegir una causa a la que entregues tu tiempo de voluntariado, gratuito, tu contribución social», yo te diría que a la causa ecológica/ambientalista.

Voy a intentar convencer a todo el mundo de que genere menos basura, que composte sus desechos orgánicos, que no desperdicie el agua, que use menos luz, que compre menos cosas, que elimine el uso del plástico de su vida hasta donde sea posible, que camine. Ya estoy en eso, encontrando la mejor vía para que estas iniciativas encuentren el mayor eco posible.

Por lo pronto, no me preocupa el paso del tiempo. Me importa que cada día lo viva plenamente, feliz cada día por voluntad, y agradecida por cada evento y persona en mi vida. De corazón.

Aprendo de la vida...
Yuriria Sierra
(Periodista, conductora de televisión y locutora)

La vida. ¿Esa que es? Un acto de sobrevivencia, sí. Pero con otros lentes. Es decir, un acto de magia. A partir de los 40 es mucho más probable que de eso se trate. De hacer y de entender algunos actos elementales de magia. Reír y amar. Sobre todo. Y más aún en un país que se va quebrando a diario. Volver a los libros y a las canciones porque hoy tienen el sabor del salvamento. A mitad de la guerra. Redescubrir el poder de una carcajada

como resistencia civil. No dejar que nadie nos en-
sangrente la esquina de mar en la que cada año me-
temos los pies. No permitir que nadie nos secuestre
los abrazos. Mirar a tus hijos o a los hijos ajenos y
celebrarles la vida mientras tantas madres y padres
recorren las calles en busca de los que fueron des-
aparecidos. Que las palabras sean dichas siempre
para escapar, como en el acto de algún mago muy
versátil, a todos los discursos del odio. Eso. La vida.
La que es. Y a esta edad y en estos tiempos, no puede más que ser un acto, un acto de amor, un acto
de magia.

Mi proyecto de vida feliz

Te invito a tomarle una foto
y compartirlo con tus amigas en WhatsApp:

1. Tener siempre un cuerpo sano, que mis músculos sean fuertes y mis piernas me sostengan. Los estiro y ejercito. Cuido mi salud física, mental y espiritual.

2. Ser independiente en todos los sentidos. Me preparo cada día sin apuro, con enfoque.

3. Estar actualizada en todos los temas posibles y formar parte lúcida de la conversación de mis círculos cercanos. Tengo una postura informada y participo.

4. Seguir sumando, creando, aportando en todos los campos de la vida.

5. Ser una persona amorosa y feliz, que ha parrandeado a gusto, que se ha partido el lomo trabajando.

6. Ser alguien comprometido con todo y con quienes la rodean, en la medida de sus posibilidades y limitaciones.

7. Que cuando hayan pasado los años, y esté en mi retiro gozando de un patrimonio que he construido con visión y disciplina, me visiten por gusto y no por la herencia que les vaya a dejar, ¡jajaja!

8. Seguir formando parte de grupos donde el año en que naciste no te defina y que los de modelo más reciente me compartan sus conflictos y sueños, grupos donde no exista la «lógica» distancia generacional, solo amistad genuina.

9. Ser la mejor compañera en cualquier plan, la cocinera con la mejor sazón, la relatora de las mejores historias, la que siempre tiene una buena solución/sugerencia; una lucecita que siempre está encendida. Una musiquita animada que te hace mover la patita.

10. Alguien que viaja ligero, se caga de risa y vive en amor.

¡Ah! Creo que me quiero ir a vivir al campo o al mar. En ese sueño estoy trabajando justamente. Ya invité al señor del sillón de al lado.

Agradecimientos

Agradezco que me hayas leído, no sé cómo llegó este libro a tus manos, pienso que los libros nos encuentran y que nosotros decidimos dialogar con ellos. ¿Te lo regalaron?, ¿lo compraste?, ¿quién te lo recomendó y por qué? Estoy segura de que tú y muchas están muy avanzadas en su superplán de vida y siguen en la valiente búsqueda de estar mejor. Espero que este libro sea un repaso y una confirmación de que vamos por el mejor camino. Las veo y siento muy cerca de mí, queridas. Escríbanme todo lo que quieran, yo las leo, siempre.

Soñaba con escribir un libro, pero lo veía lejano, inalcanzable. En mi mente, era una proeza que sólo algunos lograban y no estaba segura de pertenecer a ese grupo. Decidí cambiar ese pensamiento y hoy, que estoy entregando el manuscrito a mis editoras (echando lagrimita de felicidad), les doy las más sentidas gracias. Gracias a Karina Eridhe Macias, Doris Bravo, Cynthia Chávez y Alicia Quiñones, por acompañar mi iniciación con tanta paciencia y buena voluntad. Gracias a Editorial Planeta por la invitación, qué honor.

En todos los capítulos recibí mucha ayuda de los especialistas más sobresalientes. Tengo la fortuna de que además sean mis amigos. Ellos me proporcionaron datos clave en los distintos temas. Gracias a tod@s quienes aceptaron amorosamente compartir conmigo su conocimiento, era indispensable. Son parte de este libro y tienen mi eterna gratitud y cariño.

Ale Alarcón Flores @alealarconflores / producción
Puro Glow
Una *mini me* que ve lo que a mí se me escapa.

Susana Alcántara / tinturista profesional
Profesional increíble del color.

Álvaro Aldrete @AlvaroAldreteM / asesor financiero
Brillante consejero financiero que explica pacientemente
cómo crear nuestro patrimonio.
Amigo, siempre dispuesto a ayudarme.

Anita Alvarado @AnaAlvaradoCNN / periodista
Dulce melómana con memoria fotográfica.

Ándres Bello @drandresbello / cirujano plástico
Mi bello cirujano, incansable investigador de lo nuevo.
Generoso con sus conocimientos.

Lydia Cacho @lydiacachosi / periodista, escritora, activista
Admirada Lydia, aún no puedo creer que me hayas
dedicado un texto tan hermoso. Gracias.
Armando Calderón @AAca32 / licenciado en Podología
Mi podólogo. Serio y profesional, tipazo.

Adina Chelminsky @AdinaChel / asesora financiera
Mujer vibrante, clara y generosa. Nos echa luz
en el tortuoso camino de los dineros.

Salomón Cohen / cirujano vascular y angiólogo
Armado con su Doppler, es un experto en su tema.

Gina Diez Barroso **@ginadiezbarroso** / empresaria
dedicada a la educación, creatividad e innovación
Gracias por tu inspiración y tu ejemplo.

Magda Fernandez **@magdafernandezr** / maestra
en Derecho y abogada
Mi abogada y amiga; aguerrida y amante de la vida como
pocas.

Gloria Figueroa **@topisfigue** / *coach* de vida
Red que generosamente me cachó varias veces
en este proceso nuevo para mí.

Hernán Fraga **@metabolikO** / cirujano bariatra certificado
Tipazo que siempre regala su tiempo para hablar
de alimentación y el cuidado de nuestro cuerpo.

Marisa Gallardo **@letrasalas** / *master coach*
Vocecita con alas que me acompaña en mi vuelo.
Mi *coach.*

Joaquín González Bracamontes / ginecólogo
Mi ginecólogo que tanto me cuida. Médico entregado
a su misión.

Valeria Guerra **@guerravaleria** / *coach*, autora
Admirada *coach*, cuya claridad para ver la vida admiro.

Karla Iberia Sánchez **@karlaiberia** / periodista, curiosa
empedernida
Tu amistad enriquece mi vida. Tu magia con las palabras
es un regalo.

Leonardo Kourchenko **@LKourchenko** / periodista, genio
La mirada de un caballero que aprecia y respeta
a las mujeres, de un amigo invaluable.

Mónica Lavín **@mlavinm** / escritora, novelista
Honrada de tener una reflexión tuya en mi libro; gracias,
Mónica.

Alejandra Llamas **@AlejandraLlamas** / *coach* de vida,
autora, creadora del Instituto MMK
Fuente de los conocimientos que me transformaron
la vida. Presencia invaluable para mí.

Nathaly Marcus **@NathalyMarcus** / nutricionista
funcional, maga
Mi amiga hermosa, generosa, que me conoce desde
las tripas y me cuida.

Jorge Mijares / médico ortopedista
Extraordinario ortopedista, adorable ser, guardián
de mi columna.

Eric Moreno / estilista
Gran profesional, el consentido de las famosas.
Amigo incondicional.

Valentina Ortiz Monasterio **@valeom** / consultora
en comunicación
Adoradora de la comida. Eres un ejemplo de cómo vivir
la vida. Soy tu fan.

Ger Parra @Ger_parra / maquillista
Mi maquillista, mi amigo, corazón de oro.

Paola Rojas @PaolaRojas / periodista, mente brillante
Una inspiración en mi intención de ser una mejor
habitante de este planeta.

Aldo Rendón @aldorendon / *stylist*
Referencia necesaria «paqueandendignas»,
con el mejor sentido del humor.

César Sánchez Galeana @DocSanchezG / oftalmólogo
El doc de mis ojitos, comprometido hasta la retina.

Yuriria Sierra @yuririasierra / periodista, analista política
Mi poetisa fantástica, amiga del corazón. Gracias por
escribir para el libro.

Martha Sosa @marthasosa / productora de cine
La amiga que me acompañó en los tramos más difíciles
para escribir este libro, dándome
su texto y su amor.

Cecilia Suárez @CeciliaSuarezzOF / actriz, activista
Mi admiración por ti es gigantesca. Gracias, Ceci.

Lisette Trepaud @lisetteTrepaudJ / publirrelacionista
Mi amiga estilosa y distinguida, quisiera acceso total
a su clóset. Musa de inspiración.

Gerry Trigos @gtabdala / *coach* de vida
Compañero de clase que me comparte su claridad, siempre
a un WhatsApp de distancia.

Óscar Uriel @OscarUriel / crítico de cine
Mi enciclopedia de cine favorita y guía infalible.

Tere Vale @TVale2012 / escritora, psicóloga
Admirada y querida de siempre. Gracias, Tere,
adoré tu texto.

Vale Villa @ValeVillag / psicoterapeuta
Estudiosa de la mente, curiosa de la vida.
Amante de las palabras.

Carlos Wolstein / asesor de seguros, caballero íntegro
Mi referencia en todo y para todo. El mejor asesor
en la vida y en los seguros. Mi amor.

Quiero incluir a tantas personas indispensables en
mi vida; aunque muchas saben quiénes son... Mami,
Gaby, Renny, Pris, Ana, Juanita, Sissi, Mitoteras, Lory,
Alysa, Ashley, Paulina, Alanis, Andrea, Anna, Hilde,
Paola, Breco, Isa, Joe, a mis maravillosas amigas y a
quienes me han dado aliento e inspiración sin siquiera saberlo.

5